La Empatía
Cuántica

La Empatía Cuántica

La forma de crear éxito y felicidad

GINA BRIBANY

BALBOA.
PRESS
A DIVISION OF HAY HOUSE

Se puede hacer pedidos de los libros de Balboa Press en librerías o contactando directamente Balboa Press División de Hay House en las siguientes direcciones o número de teléfono:

Balboa Press
Una División de Hay House
1663 Liberty Drive
Bloomington, IN 47403
www.balboapress.com
1-(877) 407-4847

Debido a la naturaleza dinámica del internet, alguna de las direcciones de la página web o alguna otra conexión contenida en este libro pueden haber cambiado desde su publicación y no ser válida. Los puntos de vista expresados en este libro vienen del autor y no necesariamente reflejan los puntos de vista del editor y el editor por este medio no se hace responsable por los mismos

El autor de este libro no ofrece consejos de medicina ni prescribe el uso de técnicas como forma de tratamiento para el bienestar físico, emocional, o para aliviar problemas médicas sin el consejo de un médico, directamente o indirectamente. El intento del autor es solamente para ofrecer información de una manera general para ayudarle en la búsqueda de un bienestar emocional y spiritual. En caso de usar esta información en este libro, que es su derecho constitucional, el autor y el publicador no asumen ninguna responsabilidad por sus acciones.

ISBN: 978-1-4525-5557-7 (sc)
ISBN: 978-1-4525-5558-4 (e)

Stock fotos son de Thinkstock.

Impreso en los Estados Unidos de Norteamérica

Balboa Press fecha de revisión 7/26/2012

Agradecimientos del autor

Doy gracias a todos los que colaboraron en el proceso de elaboración del libro y a quienes creyeron en mí, impulsándome e inspirándome a seguir adelante.

Gracias, más por favor.

Notas del autor

Cuando comencé a escribir el libro me encontré con una curiosa connotación lingüística: la palabra EMPATIZAR no existe en español. Usé la frase sentir empatía o ser empático en su lugar. En inglés se usa Empathize para señalar la ACCIÓN de la empatía, sin embargo, en español solo existe la empatía como experiencia o como algo que se siente, mas no como algo que se acciona. Desde mi perspectiva esta palabra debería ser incluida en el español porque señala la acción de la empatía y no el sentimiento. Esto puede connotar una asociación sobre la empatía como algo que se experimenta simplemente, mas no como algo que se puede accionar o realizar deliberadamente.

En mi nueva propuesta sobre la empatía cuántica aludo a la posibilidad que tenemos de "EMPATIZAR", es decir de conectar con aquello que deseamos, sin importar cuán lejos, grande o imposible pueda parecer, lo puedes alcanzar a través de la empatía cuántica.

Contenido

Introducción

He descubierto que para cuando estés leyendo este libro habrás establecido una conexión con su contenido sin saberlo. Este libro ha llegado a tus manos como un reflejo de tu interior y tus expectativas. Lo creas o no he viajado en el tiempo para poner este libro en tus manos. Lo he realizado a través de un proceso llamado empatía cuántica.

El tiempo es tan relativo a la experiencia, como la felicidad a nuestra conciencia. La búsqueda de la felicidad, siendo una constante humana, ha codificado sus caminos en un lenguaje tan sencillo que no logramos entenderlo.

"La verdadera felicidad se encuentra en aquello que nunca ha venido, nunca se ha ido; simplemente es". Yogi Bhajan

Mediante este libro descubrirás una nueva perspectiva del mundo, mediante la cual puedes conectar y manifestar todo el éxito y la felicidad que deseas en tu vida.

En esta nueva perspectiva retomo los últimos descubrimientos sobre cómo ocurre la empatía a nivel neurológico para observarla desde el punto de vista cuántico.

Hablaré sobre el poder creativo que nos ha sido otorgado y cómo el proceso de la empatía que ocurre en nuestro cerebro puede ser trasladado a todos los niveles de nuestra existencia, utilizándolo como método para manifestar la realidad que queremos.

Este proceso lo he llamado la técnica de la empática cuántica y se basa en el fenómeno de la empatía, que según los últimos descubrimientos científicos, ocurre en nuestro cerebro a través de las neuronas llamadas neuronas espejo, las cuales se encienden y generan conexiones a través del reflejo de la realidad que observamos.

Explicaré este proceso creativo desde diferentes perspectivas que nos ayudarán a comprender cómo funciona y por qué somos los creadores de nuestra realidad. Brindaré las herramientas y el modo de utilizarlas, para que cada quien construya su propio camino, pero nuestro punto de partida será el mismo: despertar.

Bienvenidos a este viaje.

Capítulo I
La Empática Cuántica

LA EMPATÍA HA SIDO CONOCIDA comúnmente como la posibilidad de ponerse en los zapatos del otro, comprender lo que el otro siente o experimenta, sea físico, emocional o mental. Esta perspectiva ha sido explicada desde diferentes disciplinas como la filosofía y la psicología. Sin embargo, últimos estudios de la neurología sobre cómo se manifiesta la empatía en los seres humanos revelan aspectos fascinantes sobre las conexiones neuronales en nuestro cerebro.

Este fenómeno de la empatía a nivel neuronal constituye la base de mi teoría sobre la empatía cuántica en la cual planteo la posibilidad de crear nuestro éxito y felicidad, conectando con aquello que deseamos.

El primer experimento sobre la empatía a nivel neurológico se realizó en la universidad de Parma en Italia. El experimento consistió en poner a un chimpancé frente a un cacahuate, conectado a una máquina de resonancia magnética, para observar qué sucedía a nivel neuronal. El chimpancé se encontraba tratando de abrir el cacahuate y ciertas neuronas se encendían en su cerebro; de repente un humano entró en el laboratorio y tomó unos cacahuates del otro extremo de la habitación, los abrió y se los comió. Cuando el chimpancé observó que el humano estaba haciendo lo que él estaba intentando hacer, las mismas neuronas se encendieron en el chimpancé. Al estudiar la resonancia magnética los científicos se dieron cuenta de que las neuronas que alumbraban en el cerebro del chimpancé cuando éste realizaba la acción, eran las mismas que alumbraban cuando el chimpancé veía al humano realizar la acción. En ese momento pensaron que la máquina se había dañado,

1

pero después de varios experimentos con humanos descubrieron que así es como se produce la empatía y a estas neuronas les otorgaron el nombre de neuronas espejo. Este descubrimiento constituye uno de los descubrimientos más importantes de la actualidad, incluso muchos aseguran que las neuronas espejos harán para la fisiología lo que el ADN hizo para la biología, ayudarán a explicar y a comprender muchas habilidades mentales del ser humano y su potencial misterioso.

En la empatía observamos a otros realizando una acción y encendemos las mismas neuronas que enciende el que está realizando la acción. Es decir que la acción y la observación representan lo mismo en el lenguaje del cerebro.

Pienso que siendo el cerebro una unidad tan inteligente, sabe lo que hace y si para el cerebro, lo que observa y lo que hace son la misma cosa, es porque así es en realidad.

Después de este primer acercamiento se han realizado múltiples experimentos entre humanos, demostrando las conexiones neuronales en la empatía.

Cuando observamos a otro ser vivo experimentando dolor, felicidad o cualquier otro sentimiento, al igual que realizando una acción, las mismas neuronas que se encienden en el cerebro de esa persona que observamos se encienden en nosotros y por eso se les llama neuronas espejo, porque reflejan las mismas conexiones neuronales en nuestro cerebro.

Sin embargo, el fenómeno de la empatía no sólo se limita a la observación. Un caso de empatía interesante ocurre cuando varios bebés se encuentran en un mismo espacio y estando cada uno en su cuna, uno de los bebés comienza a llorar; los otros bebés automáticamente comienzan a llorar también y esto ocurre como una respuesta empática.

La empatía ocurre también a nivel ideológico. Nos identificamos con quienes comparten nuestras mismas creencias y también podemos llegar a sentir empatía con las emociones de otros a través de la parte del cerebro llamada ínsula.

He encontrado un factor revelador en estos descubrimientos sobre el fenómeno de la empatía que contiene un potencial creativo invaluable.

He observado la empatía desde el punto de vista cuántico y me ha hecho llegar a la conclusión de que la empatía no sólo ocurre entre seres humanos; el fenómeno de la empatía ocurre entre dos energías, cualquiera que sea su manifestación física. Aunque los objetos no poseen neuronas, poseen partículas que se comportan de acuerdo con nuestras expectativas y ésta es otra forma de empatía que he llamado *Empatía Cuántica*. Esta responde al mismo principio de la empatía entre los humanos, la diferencia es que en lugar de las neuronas, los objetos poseen átomos y éstos, al igual que las neuronas, reflejan las expectativas del observador, generando el mismo efecto espejo.

El término "cuántico" viene de la mecánica cuántica que constituye una de las últimas y principales ramas de la física que explica el comportamiento de la materia y la energía.

La empatía es un fenómeno que ocurre a todos los niveles de nuestra existencia, por eso la llamo empatía cuántica porque se manifiesta en la materia y en la energía a través de una ley de correspondencia que conecta con las cosas y también puede manifestar cosas.

Uno de los postulados de la física cuántica afirma que los electrones de un átomo pueden cambiar de una órbita a otra sin moverse a través del espacio que las separa; en un momento está en la órbita A y al siguiente está en la órbita B, aparece o desaparece y a esto se le llama "salto cuántico". Si el electrón absorbe energía, puede saltar a una órbita superior y si libera energía, puede pasar a una órbita inferior. En palabras sencillas, un salto cuántico es un cambio de estatus de un conjunto de circunstancias a otro que ocurre de manera inmediata, como un gran salto de un punto a otro, sin fases intermedias.

Esto trasladado a nuestro día a día quiere decir que si absorbemos energía podemos saltar a órbitas superiores, vibrando con la prosperidad, la salud y la felicidad, pero si perdemos energía, podemos pasar a una órbita inferior, vibrando con la tristeza, la enfermedad y la limitación; ambos saltos pueden ocurrir de un momento a otro. No necesitamos de procesos largos y desgastantes para alcanzar el estado que queremos; la física revela la posibilidad de realizar este salto con tan solo cambiar nuestra frecuencia energética.

Así es como la empatía cuántica trasciende las barreras del tiempo y el espacio dando saltos cuánticos hacia la realidad que queremos vivir.

Según los últimos descubrimientos de la ciencia, cuando imaginamos algo, nuestras neuronas se encienden de manera idéntica que cuando lo estamos viendo físicamente. Nuestra mente no diferencia entre lo que vemos y lo que imaginamos, las dos cosas son reales. Lo que hace que la mente no diferencie entre lo que ve y lo que imagina, es el hecho de que la mente está programada para leer energía e información y tanto las acciones en el plano físico como en el plano de la imaginación, son energía e información. Esto me llevó a desarrollar la técnica de la empatía cuántica para manifestar lo que deseamos en el plano físico.

La mente que sólo observa tiene una respuesta natural a pensar en lo que está observando y por eso se encienden las mismas conexiones neuronales. De la misma forma, la mente que sólo imagina tiene una tendencia natural a accionar lo que está imaginando. Esto ha sido observado en algunos experimentos cuando el observador en muchos casos alcanza a detectar las intenciones del sujeto observado y enciende las mismas conexiones neuronales, incluso antes de que el sujeto observado complete la acción, como si viajara al futuro, prediciendo lo que va a pasar.

Esto sitúa al tiempo en perspectiva pues elimina la necesidad de observar la acción físicamente antes de que se enciendan las neuronas en nuestro cerebro y plantea la posibilidad de obtener el mismo resultado al invertir el orden de la empatía, imaginando primero lo que queremos que suceda, para que lo que imaginamos ocurra después en el plano físico.

El método de la visualización está siendo utilizado cada vez más en las prácticas deportivas como método de preparación, pues se ha demostrado científicamente que cuando el deportista repasa sus movimientos a través de la visualización, obtiene mejores resultados.

Esto ocurre porque cuando imaginamos que corremos una carrera, que practicamos una jugada o un salto atlético, nuestro cerebro está generando las mismas conexiones que cuando la actividad se realiza físicamente y de hecho los mismos músculos que están involucrados en los movimientos se mueven idénticamente cuando lo imaginamos. Esto prepara al cerebro para que reconozca estos movimientos, haciéndolo más fácil para el deportista cuando la actividad se realiza físicamente.

Lo más interesante es que desde la perspectiva cuántica esto trasciende los confines de nuestro cuerpo físico de tal forma que cuando nos imaginamos y sentimos en prosperidad, en salud, en amor a través de la repetición, lo podemos manifestar en nuestra vida.

Estamos siendo llamados a modificar la manera como hemos venido creando nuestra realidad. Cada vez más experimentos y disciplinas confirman que no necesitamos de la acción física para poder crear lo que queremos. Estamos en una nueva era de consciencia donde se nos están brindando todas las herramientas para crear a través del poder del pensamiento. Esto no significa que nos sentaremos a esperar que las cosas sucedan sin actuar en consecuencia, la acción es importante. Lo que significa es que tus experiencias no están determinadas únicamente por tus acciones, sino también por tus pensamientos. Así que para cambiar de la pobreza a la prosperidad, no necesitas trabajar duro y sin descanso, primero necesitas conectar con la prosperidad desde tu interior a través de tus pensamientos y esto cambiará la experiencia, porque en este caso, las acciones son sólo el resultado de tus pensamientos.

Es un error pensar que puedes cambiar la realidad sólo modificando tus acciones. Esto sólo te traerá frustración y más de la misma experiencia y te dirás a ti mismo, "por qué me sucede esto si he hecho todo bien". El error está en que has modificado el vaso, más no el contenido del vaso. Cuando modificas tus creencias sobre tí mismo y sobre cómo deben ocurrir las cosas, las experiencias cambiarán por sí solas y tus acciones serán guiadas por un nuevo esquema de pensamiento que te llevará al éxito.

Para ayudarte a comprender cómo funciona la empatía cuántica y desarrollar la técnica iremos en un fascinante recorrido por los diferentes elementos que la componen llegando así a descubrir su potencial creativo.

Este recorrido incluye diferentes perspectivas, filosóficas, científicas, psicológicas y espirituales, las cuales me he dado a la tarea de investigar con el objetivo de demostrar que independientemente de la perspectiva el resultado es el mismo: somos lo que pensamos.

Capítulo II

Nuestro Orígen Empático

SOMOS CREADORES POR NATURALEZA Y para comprender nuestra capacidad creadora debemos recordar nuestro origen divino. Nacimos de un hombre y una mujer. Somos el resultado de una empatía entre femenino y masculino, entre positivo y negativo, entre el ying y el yang. Somos el resultado de una correspondencia, de una empatía.

Dios como creador contiene estos dos aspectos creativos en sí mismo, él es masculino y femenino al mismo tiempo, no tiene un sexo. Esta es la razón por la cual, él, por sí solo, puede dar vida. Nosotros, al estar hechos a imagen y semejanza de Dios, también poseemos esta cualidad, nuestro espíritu no tiene sexo, es masculino y femenino al mismo tiempo. La división de los sexos aparece en nosotros sólo como humanos, es decir sólo al nivel del cuerpo físico, pero nuestra esencia, nuestro espíritu es asexuado. De hecho, según la teoría de la rencarnación alternamos de sexo entre vidas; en unas nos manifestamos como hombre y en otras como mujer porque nuestro espíritu posee los dos aspectos de la creación.

Según algunas corrientes espirituales, cuando nuestro cuerpo humano comienza a formarse como mujer o como hombre lo que sucede es que un aspecto de nuestra energía creadora (masculino o femenino) asciende para formar parte de nuestro cerebro y nuestro aparato fonador, mientras que el otro aspecto desciende para formar parte de nuestro aparato reproductivo y definir nuestro sexo. Las mujeres manifiestan su aspecto femenino en los órganos reproductores, mientras la parte masculina la constituyen el cerebro y el habla. En el hombre ocurre lo contrario, el aspecto masculino se manifiesta en sus órganos reproductores y su aspecto femenino en el cerebro y el habla.

De aquí viene la sabia afirmación de que la palabra es creadora, pues la palabra es la expresión de uno de estos dos aspectos creadores de nuestra esencia divina.

A lo largo de la historia la separación de los sexos ha dado lugar a innumerables estereotipos sociales. Desde niños vestimos a los niños de azul y a las niñas de rosado y esto se constituye tristemente en una limitación. Desde pequeños les negamos la posibilidad de elegir. ¿Quién decidió los colores y por qué? Las mujeres, por ejemplo, ya usamos pantalones al igual que los hombres y es aceptado socialmente, pero no lo fue durante mucho tiempo y aún en la actualidad, algunos hombres todavía evitan usar camisas de color rosado o violeta porque sienten que pierden su virilidad.

Todas estas creencias limitan nuestra capacidad de crear y alimentan nuestra idea de la separación. Esto no quiere decir no identificarse como mujer o como hombre, quiere decir que somos mujeres, pero no feministas, somos hombres pero no machistas. El reafirmar nuestro aspecto femenino o masculino en realidad no nos brinda ninguna ventaja. Por el contrario, quienes logran equilibrar estos dos aspectos dentro de sí, liberándose de los estereotipos sociales, recuperando la capacidad de expresarse en libertad y sin limitaciones, aumentarán su capacidad creativa porque estarán más conectados con su esencia, crearán empatía desde su interior.

Así, cuando negamos un aspecto de nuestra esencia, estamos negando nuestra capacidad de crear. Estamos negando el poder de nuestras palabras y de nuestros pensamientos.

Se ha hablado mucho del poder del pensamiento. Yo recuerdo haber leído sobre este tema cuando tenía alrededor de 13 años. También recuerdo que antes de ir a dormir jugaba con el poder de mi pensamiento y pedía cosas, cosas de niños, pero siempre sucedían al día siguiente. Esto funcionó hasta que crecí lo suficiente como para dejar de creer en mi poder creador. Comencé a adoptar lo que los adultos llamamos "realismo". Entonces mis poderes dejaron de funcionar.

Mis pensamientos ya no surtían el mismo efecto. ¿Qué había sucedido?

Comencé a perder esa conexión directa con la energía creadora, dejé de creer que era posible obtener aquello que quería con sólo pensarlo, comencé a dudar de mi propio poder y eso se manifestaba en una sensación de duda, de incredulidad; esa certeza de antes ya no estaba. La había remplazado por el tan valorado "realismo" de los adultos. Afortunadamente, con el paso del tiempo logré conectarme nuevamente con mi potencial creativo y continuar mi camino de crecimiento.

Es curioso que todas las historias y cuentos infantiles siempre aludan a que la inocencia de un niño es lo que hace que la magia suceda. Esa inocencia en realidad es la conexión que traemos con nuestra fuente original. En el mundo esotérico se dice que los niños conservan su visión y conexión con la fuente de origen mucho más vivida y clara hasta los 7 años de edad. Después de esta edad tienden a ir cerrando sus ojos a ese mundo espiritual y abriéndolos aún más al mundo material. Sin embargo, esa conexión nunca se rompe, simplemente se duerme, se oxida, pero siempre tenemos la posibilidad de despertarla y de limpiar esos canales que nos conectan con nuestro mundo espiritual y que nos permiten recobrar la confianza y certeza en nuestro poder. Esta certeza nadie te la puede dar, simplemente la sientes dentro de tí. Esta certeza despierta o duerme en tu interior y está conectada con la pregunta existencial de quiénes somos.

No somos nuestro nombre, ni somos nuestro cuerpo; nuestro nombre y nuestro cuerpo son sólo una parte de nosotros, pero no son quienes somos; nuestro género es sólo nuestro género y tampoco somos nuestra profesión. Hay quienes afirman que somos chispas divinas, otros que somos energía y otros que somos vacío. No hay una respuesta única, cada quien cree en lo que decide creer, pero mi invitación es a que lo experimentes por ti mismo; no dejes que nadie te lo cuente, nadie mejor que tú mismo para saber quién eres.

Capítulo III
Espejos del Pensamiento

EL TÉRMINO PENSAMIENTO ES COMÚNMENTE utilizado para definir todo lo que la mente puede generar, incluyendo las actividades racionales o las abstracciones de la imaginación; todo aquello que sea de naturaleza mental es considerado pensamiento, bien sean estos abstractos, racionales, creativos, artísticos, etc.

La teoría tradicional del pensamiento lo define como la actividad y creación de la mente, es todo aquello que es traído a existencia mediante la actividad del intelecto; es decir mediante nuestra capacidad de desarrollar representaciones mentales de la realidad y de relacionarlas entre sí.

Cuando analizamos, comparamos o generalizamos estamos pensando, pero cuando imaginamos también estamos pensando. La imaginación es la parte creativa del pensamiento y es la parte que nos permite romper paradigmas, crear nuevas maneras de relacionarnos, de interpretar el mundo y de cambiar nuestros patrones de comportamiento. La imaginación es el boleto a nuestro futuro; es nuestra pantalla creativa, es nuestra máquina del tiempo.

Los poderes de la mente han sido cuestionados y descalificados durante décadas por quienes señalan su poca inherencia en la realidad que manifestamos. Sólo las corrientes espirituales han reconocido estos poderes de la mente y los han explicado desde una perspectiva filosófica, invitando a su desarrollo a través de actividades como la meditación y de la concentración.

Afortunadamente hoy día la física cuántica confirma lo que las corrientes espirituales vienen sosteniendo hace milenios; que somos capaces de crear nuestra realidad. La física cuántica ha demostrado científicamente cómo existe una interrelación entre el pensamiento y la realidad, abriendo campo incluso a teorías que antes parecían de ciencia ficción en las cuales podemos hablar de universos o realidades paralelas.

Los últimos descubrimientos de la física cuántica sobre el átomo revelan la fascinante interrelación entre nuestra realidad y nuestra consciencia de la siguiente manera: la física cuántica afirma que la materia de la que se componen los átomos es prácticamente inexistente. La materia que compone al átomo NO es estática y predecible como creía la ciencia clásica. Dentro de los átomos y moléculas, las partículas ocupan un lugar insignificante: el resto es "vacío". ¿Será el mismo vacío del que hablan los budistas en sus técnicas de meditación desde hace milenios?

La física cuántica ha llegado a afirmar que los átomos no son cosas, son TENDENCIAS. Esto quiere decir que, las partículas que conforman nuestro entorno son maleables, flexibles, no son cosas determinadas o finalizadas; son posibilidades de la consciencia. La física cuántica no puede medir el átomo como cosa, sólo calcula posibilidades.

En otras palabras, el átomo no es una realidad terminada sino un mundo de posibilidades infinitas. Y si todo lo que vemos, incluyéndonos a nosotros mismos, está conformado por átomos; estamos entonces en una continua posibilidad de transformación; nos renovamos segundo a segundo, al igual que nuestro entorno.

Después de esta explicación la pregunta inmediata es: ¿quién elige de entre esas posibilidades? La física cuántica dice que nuestra conciencia está íntimamente relacionada en la elección de estas posibilidades y que el átomo se comporta de manera diferente cuando hay un observador.

Amit Goswani, profesor de física en la universidad de Oregón, afirma que el comportamiento de las micropartículas cambia dependiendo de lo que hace el observador: "cuando el observador mira, se comporta como una onda, cuando no lo hace, como una partícula". Entonces las expectativas del observador influyen en la realidad observada. Esto plantea una interacción entre esas partículas que nos componen y que nos rodean y nuestra consciencia. Dicho de otro modo, nuestras expectativas determinan la realidad que vivimos. Si esas partículas actúan de acuerdo con nuestras expectativas, quiere decir que se rigen por una ley de correspondencia y esa correspondencia es un reflejo de nuestras expectativas lo que constituye otra forma de empatía cuántica.

Esto se observa claramente en la psicología, cuando asumimos un rol determinado, como el rol de victima, por ejemplo, siempre habrá quien asuma el de victimario; cuando asumimos el role de madre, siempre habrá el que se comporte como hijo, etc.

Leí hace mucho tiempo una historia sobre esto. Se trataba de una anciana que iba caminando con muchos paquetes en ambas manos y se dirigía hacia su casa, pero a su paso se encontraban dos hombres mal intencionados que fácilmente tomarían ventaja de la pobre anciana, robando sus pertenencias a la más mínima oportunidad. Sin embargo, la anciana al verlos, en vez de asumir la posición de víctima y verlos con rechazo, comenzó a hablarles amorosamente y les dijo: que afortunada soy, muchachos denme una mano; estos paquetes están muy pesados. Aquellos hombres, acostumbrados a ser temidos y vistos como victimarios, reaccionaron desconcertados ante la amistosa invitación de la anciana y le ayudaron con los paquetes, sin tomar ventaja de ella en absoluto; la acompañaron hasta la puerta de su casa y luego se retiraron, a lo que ella dio las gracias con una sonrisa en su rostro.

El rol que asumimos en cada situación de nuestra vida nos plantea una correspondencia; al asumir un rol dejamos planteada una expectativa y así es como cumplimos las expectativas de los otros y ellos las nuestras. No hay víctima sin victimario, ni ganador, sin perdedor, ni amada sin su amado. Esto representa otra de nuestras tantas formas de crear nuestra realidad.

Entonces comienza a preguntarte cuál es el rol que estás asumiendo en cada situación y encontrarás la razón de por qué los demás actúan como lo hacen.

¿Cuáles son nuestras expectativas? ¿Son éstas conscientes o inconscientes?

Los últimos estudios sobre el cerebro en la neurología nos pueden ayudar a responder esta pregunta. Estos experimentos en el cerebro se realizan con tomografías. Se conectan electrodos al cerebro humano, para determinar en qué parte de éste se produce cada una de las actividades de la mente. Entonces se miden las actividades eléctricas en el cerebro mientras se produce una actividad mental ya sea racional, emocional o espiritual y así se sabe a qué área del cerebro corresponde esa facultad.

Mediante este método se ha llegado a comprobar que cuando vemos un determinado objeto aparece actividad en ciertas partes de nuestro cerebro. Lo interesante es que de la misma forma cuando se le pide al sujeto que cierre los ojos e imagine el mismo objeto, la actividad cerebral es ¡idéntica! Entonces, la observación en este experimento es que el cerebro refleja la misma actividad eléctrica cuando "ve" que cuando "imagina".

"La explicación es que el cerebro no hace diferencias entre lo que "ve" y lo que "imagina" porque las mismas redes neuronales están implicadas; para el cerebro, es tan real lo que ve como lo que siente", afirma el bioquímico y doctor en medicina quiropráctica, Joe Dispenza en el libro "¿Y tú qué sabes?". Entonces si para el cerebro es tan real lo que ve como lo que siente o imagina esto nos lleva a la conclusión de que fabricamos nuestra realidad con lo que pensamos, lo que sentimos y lo que imaginamos. De aquí nacen los tres aspectos de la creación para la técnica de la empatía cuántica: la repetición, lo visualización y el sentimiento.

Desde esta base, si nos damos a la tarea de analizar nuestro patrón de pensamientos podemos llegar a comprender por qué nuestra realidad es como es. Decimos afirmaciones a diario; desde que nos levantamos estamos decretando nuestro día sin darnos cuenta y asumimos roles inconscientemente.

Muchas personas desean cambiar su realidad, mejorar situaciones de depresión, de angustia, problemas económicos, sentimentales y tienen un deseo auténtico de cambiar esa realidad. Comienzan a realizar afirmaciones positivas día y noche sin ver mayores resultados y desisten de la tarea porque piensan que no sirve para nada. Incluso llegan a pensar que se están mintiendo a sí mismos y que resulta más lógico y benéfico expresar cómo se sienten realmente en el momento presente y no como quieren estar. Las expectativas no corresponden con esos pensamientos y deciden abandonar la tarea.

Lo que éstas personas no comprenden es que las células de su cuerpo están habituadas a esos pensamientos y sentimientos negativos no sólo por haber sentido esa emoción por mucho tiempo, sino también porque en el ADN tienen la memoria de sus antepasados, memoria que dicta cómo reaccionan ante ciertas situaciones. Es lo que en términos psicológicos llamaríamos el inconsciente. Esta memoria nos dice por ejemplo que debemos reaccionar con tristeza cuando alguien se muere, o con enojo cuando algo no sale como esperamos. Así, cuando esas personas comienzan a cambiar todo esto por afirmaciones y sentimientos positivos, en un principio lo sienten sin sentido, las sienten mentirosas, falsas porque están habituados a una conexión diferente y como cualquier cambio requiere un proceso de ajuste.

Es como cuando nos asignan nuestro nombre en la infancia; al principio no nos identificamos con él, pero la repetición es lo que hace que se imprima en nuestro ser hasta aprenderlo a decir y luego hacerlo parte de nosotros. En ese proceso de hacerlo parte de nosotros ocurre algo interesante y es que comenzamos a identificarnos con ese nombre; nuestro nombre es un mantra poderoso que cuando alguien lo pronuncia inmediatamente respondemos con nuestra atención. ¿Pero qué sucede cuando nos ponen un apodo?, al principio decimos: no, ése no soy yo, no nos identificamos con él, pero con el tiempo y la repetición terminamos respondiendo a ese apodo como a nuestro propio nombre.

Las parejas suelen hacer esto con regularidad, comienzan a llamar a su novio o novia con adjetivos o nombres como muñeca, amor, cariño, rey, princesa y comienzan a responder a esos nombres como propios. En la niñez quién no experimentó ser llamado por su nombre completo cuando los iban a regañar; esto se convertía en un código y ya sabíamos que algo malo había pasado. Esta es la magia del poder de la palabra, nuestra necesidad de nombrar las cosas y las personas radica en que facilita nuestra conexión con ellas. Nos conectamos con lo que nombramos.

Este proceso sucede con las afirmaciones. Al principio nuestro cuerpo las siente como una experiencia falsa, algo desconocido y esto se debe a que aunque el deseo de cambiar la realidad es auténtico, todavía existe una desconexión entre lo que se afirma y lo que se siente. Las neuronas están estableciendo nuevas conexiones que les son extrañas y las deben aprender y memorizar, para que nuestro cuerpo las sienta coherentes con lo que somos, especialmente cuando ya existe otra asociación negativa que se ha establecido anteriormente. Esta desconexión responde a una fuerza de repulsión. Cuando se trabaja la afirmación opuesta positiva a lo que nos ha venido generando determinada situación, comienza una lucha entre la voluntad y nuestra emoción. La fuerza del espíritu (voluntad) es la que se encarga de envolver el pensamiento del material emocional necesario para que ese pensamiento llegue exitosamente al cerebro y genere la acción.

La determinación en nuestras intenciones y la repetición es lo que irá construyendo esta nueva conexión. Las neuronas liberarán la química correspondiente y luego las células se irán habituando a otras emociones y se irán abriendo a ellas poco a poco hasta que las incorporan en la memoria celular. Estas células se irán expandiendo hasta que cada vez serán más y más las células que estén esperando con los receptores abiertos la emoción de amor, de optimismo, de felicidad que se convierte en su nueva fuente de energía.

Esta fuente de energía puede ser de baja o de alta vibración. Cuando estamos entusiasmados, enamorados o simplemente alegres, esa energía es claramente de una vibración más elevada que la de la tristeza, la melancolía, el enojo o el odio y cuando digo claramente me refiero a que lo podemos experimentar por nosotros mismos. La experiencia de cansancio y agotamiento siempre acompañará a una persona triste o enojada con la vida. Mientras que la vitalidad y la fuerza física siempre acompañarán a una persona entusiasta, alegre y positiva porque es el alimento que estamos proporcionando a nuestro cuerpo emocional, físico y energético.

Capítulo IV
El Poder Creativo del Espíritu

EN LA ACTUALIDAD YA SE habla de que somos almas en un cuerpo físico. Esta es una manera simple de describir nuestra verdadera esencia. Sin embargo, podemos expandir nuestra consciencia un poco más al conocer más detalles acerca de eso que llamamos alma, para así comprender mejor quiénes somos.

Según corrientes esotéricas y clarividentes avanzados (aquellos quienes han despertado su visión a los mundos sutiles) describen que además de nuestro cuerpo físico, poseemos otros cuerpos que son imperceptibles a nuestra visión física. Tenemos un cuerpo "Vital" o etérico, un cuerpo de "Deseos" y un cuerpo "Mental".

Sólo los clarividentes pueden ver algunos o todos estos cuerpos que nos componen. Sin embargo, todos hemos experimentado con alguno de nuestros sentidos estos cuerpos alguna vez, ya sea consciente o inconscientemente.

Intentaré dar una breve explicación en palabras simples sobre la existencia y composición de estos cuerpos, para poder entender mejor cómo funciona nuestro poder creativo.

El cuerpo Vital o Etérico es el más cercano a nuestro cuerpo físico; éste sobresale una pulgada y media sobre nuestra piel siguiendo la misma forma del cuerpo físico. De materia mucho más sutil, el cuerpo Vital tiene como función conservar y dar la energía necesaria al cuerpo físico para que éste pueda producir la acción. El descanso al dormir es muy importante porque es cuando el cuerpo Vital puede reparar los tejidos del cuerpo físico. Podríamos decir que el cuerpo Vital es como la batería del cuerpo físico.

Hablo con seguridad de la existencia de este cuerpo porque desde niña he tenido la habilidad de verlo y puedo dar fe de ello. Lo veo como una luz que sigue el contorno del cuerpo físico; algunas personas poseen mayor luminosidad que otras y a veces puedo percibir algunos tonos de color.

Cuando se nos duerme un brazo o una pierna y sentimos un cosquilleo, estamos experimentando la ausencia del cuerpo Vital en esa parte de nuestro cuerpo físico, por eso no lo podemos controlar o mover como cuando está en su estado normal. El cuerpo Vital abandona el brazo o la pierna del cuerpo físico a causa de la falta de sangre circulando ya que la sangre es la que conecta nuestro cuerpo Vital con nuestro cuerpo físico.

Seguramente alguna vez has experimentado el haber despertado y poder observar tu cuerpo físico pero no poderte mover, sientes una desesperación y deseo de pedir ayuda o llamar a alguien pero no te escuchan; en ese momento has experimentado la desconexión de estos dos cuerpos. Has despertado antes de que el cuerpo Vital entre completamente en el cuerpo físico y hasta que esto sucede el cuerpo físico no podrá moverse. Esto solía pasarme cuando era adolescente, generalmente en estados de cansancio extremos, me quedaba dormida y al despertar me enfrentaba a este fenómeno. La forma más rápida de conectar estos dos cuerpos de nuevo es concentrándose en la respiración, esto facilita que el cuerpo Vital entre completamente en el cuerpo físico, hasta que permite el movimiento.

El cuerpo de Deseos o Emocional es de naturaleza aún más sutil que la del cuerpo Vital. El cuerpo de Deseos es como un ovoide que cubre nuestros cuerpos físico y Vital. Este ovoide se compone de energía de deseo, es lo que nos da nuestra parte instintiva y esa energía puede ser de baja o de alta vibración. Deseos de venganza o de dañar a otros es energía de baja vibración en cambio deseos altruistas y desinteresados de ayudar a otros, al igual que la compasión, constituyen la energía de alta vibración. La función del cuerpo de deseos es dar la energía necesaria al cuerpo Vital para que éste a su vez imprima la energía que da movimiento al cuerpo físico. Es por eso que el Deseo es tan importante porque cuando deseamos algo verdaderamente, ese es el impulso que se traduce en energía en el cuerpo Vital y ésta a su vez pasa a ser movimiento en el cuerpo físico.

El cuerpo de Deseos muestra diferentes colores, dependiendo de la vibración que predomine en él. Algunos clarividentes avanzados describen este cuerpo como vórtices que se despliegan formando un ovoide. Se dice que cuando experimentamos sentimientos de miedo, esto hace que nuestro cuerpo de Deseos abra sus 'paredes', dando entrada a energías de baja vibración que terminan por debilitarlo y es cuando experimentamos pánico y la incapacidad de movernos porque hemos bloqueado el deseo de hacer cosas y de actuar en el mundo.

Por último, tenemos el cuerpo Mental. Este es de naturaleza aún más sutil que los tres anteriores y es el encargado de nuestros pensamientos abstractos, concretos y de nuestra imaginación. Este cuerpo es otro ovoide alrededor de los otros tres cuerpos.

La función del cuerpo Mental es captar las verdades universales que le son transmitidas de planos superiores e integrarlas con el entendimiento racional, traduciéndolas en situaciones concretas y proporcionando una interpretación de cada situación en consonancia con las leyes universales.

Los conocimientos que nos llegan del plano espiritual de nuestro ser se manifiestan como intuiciones; podemos recibir imágenes o vibraciones que después transformamos en pensamientos concretos y nos permiten mirar al interior de la auténtica naturaleza de las cosas, al contrario del entendimiento lineal que parte de la concepción racional del cerebro físico.

La unión de estos tres cuerpos es lo que comúnmente llamamos aura o alma.

He podido ver el aura de muchas personas de forma muy sutil; he observado diferentes colores y en algunos casos sombras como en forma de nebulosa que parecen suspendidas muy cerca a la zona del corazón y de otros órganos como signos de bloqueo energético. He trabajado el desbloqueo de estas energías a través de las terapias de sanación con Reiki.

Seguramente has experimentado esto que llamamos aura. Aunque no la hayas visto, has estado junto a alguien que posee tal energía de armonía y paz que emana esto a su alrededor y te has sentido envuelto por esta energía de paz y tranquilidad. En ese momento has logrado sentir estos cuerpos y su energía que trascienden más allá de sí mismos.

Estos cuerpos son los vehículos que hemos construido a través de nuestra evolución espiritual y este último cuerpo, el mental, siendo el más joven de todos, es él que nos hace justamente humanos, lo que nos diferencia de las otras especies de la naturaleza porque nos da la capacidad de crear conscientemente; es lo que nos hace individuos con un libre albedrío. A través de este vehículo nos han entregado las riendas de nuestra vida, lo que los animales aún no poseen.

¿Entonces de qué nos sirve conocer todos estos cuerpos? Nos sirve para comprender cómo funcionamos en el mundo y al incorporarlos en nuestra consciencia podemos obtener mejores resultados en nuestro proceso de creación.

Estos cuerpos que nos conforman funcionan a través de la misma ley de correspondencia que funciona la empatía. Cada cuerpo hace parte de una cadena de conexiones correspondientes. El cuerpo Mental concibe la idea; esta pasa al cuerpo de Deseos donde toma fuerza, luego pasa al cuerpo Vital donde se carga de energía que va tomando forma y por último se imprime en el cuerpo físico como acción y movimiento.

Una vez en el cuerpo físico, lo experimentamos como una emoción; esta emoción va al cerebro y del cerebro a las células. Una vez en nuestras células, éstas traducen esta energía y la extienden en todo nuestro cuerpo, el cuerpo extiende esta energía hacia la sociedad y ésta al planeta tierra y el planeta tierra hacia el sistema solar y éste a su vez la extiende hacia el universo.

Pero ahí no termina este fascinante proceso. Somos el microcosmos del macrocosmos; contenemos y nos contienen; damos y recibimos. El ser humano recibe energía de dos fuentes, de la tierra y del universo. El universo trasforma esta energía y la envía de regreso hacia nosotros en forma de oxigeno y así comienza el viaje de esta energía hacia su fuente original, pasando de regreso por nuestra sangre; de la sangre al cuerpo Vital, del Vital al de Deseos, después al Mental y del Mental hacia nuestro ser supremo. Es un continuo fluir. Es como la respiración humana, pero trasladada a la escala del universo.

El universo entero funciona a través de una ley de correspondencia.

No puedo evitar emocionarme al punto de encharcar mis ojos cuando hablo de esto; me genera una sensación profunda de recogimiento al narrar este fluir de la vida que es tan mágico y que pasa desapercibido ante nuestros ojos. Comprender esta correspondencia abrirá nuestra consciencia positivamente.

También debo mencionar los siete chakras o centros de energía que se encuentran a lo largo de nuestra columna vertebral y que son los encargados de conectar nuestro cuerpo físico con nuestros otros cuerpos espirituales. Cada uno de estos siete chakras tiene un color característico que varía en brillo e intensidad de acuerdo con el equilibrio que posea. Cada chakra está relacionado con el área del cuerpo u órganos en los cuales se encuentra ubicado. Una enfermedad del corazón, por ejemplo, está relacionada con el desequilibrio del chakra del corazón.

Hablar de nuestros cuerpos y de los chakras es un tema bastante extenso que no ahondaremos en este momento, pero el traer a nuestra consciencia la existencia de estos cuerpos, centros energéticos y su interrelación, es de suma importancia para trabajar el poder del pensamiento porque vemos que éste no trabaja por sí solo; se apoya en los otros vehículos para poder manifestar en la materia.

Es por esta razón que las afirmaciones por sí solas trabajan sólo una parte de nuestro proceso creativo. La segunda parte le corresponde a la emoción y la tercera parte a la imaginación. A esto le podemos llamar *la trinidad del pensamiento creativo*. En el aspecto teológico de la trinidad (el Padre representa la intención y el poder de la palabra; el hijo representa el amor, el sentimiento, la emoción que se le imprimen a las palabras y el Espíritu Santo representa la concepción en nuestra imaginación). La trinidad del pensamiento creativo también refleja los tres aspectos de Dios: voluntad, sabiduría y actividad. La voluntad es el poder de nuestro espíritu; la sabiduría verdadera viene del corazón que se manifiesta con la emoción y la actividad que comienza con la imaginación.

De aquí nacen los tres aspectos de la técnica de la Empatía Cuántica que son la repetición o la palabra, la visualización o la imaginación y el sentimiento o la emoción. Creamos con la unión de estos tres aspectos porque manifiestan los tres cuerpos sutiles en el físico, representando así los tres aspectos del creador.

Cuando decimos que las palabras son creadoras, lo son literalmente porque vienen del aspecto femenino o masculino del espíritu que ha ascendido para formar el aparato fonador humano. Por eso las afirmaciones llevan mayor fuerza diciéndolas en voz alta que mentalmente.

Las palabras son nombres que se le han asignado a las cosas, a las emociones o situaciones, al igual que a nosotros se nos asignó un nombre. En ambos casos funcionan de la misma manera. Cuando decimos salud, estamos llamando la salud y ella responde; cuando decimos amor, perdón, el amor y el perdón responden. Llamamos a las cosas por su nombre y éstas cosas responden por su nombre.

Podrás decir que estas son sólo cosas abstractas, emociones que no pueden responder a un llamado. Pero el hecho de que no las podamos ver con nuestra visión física, no quiere decir que no existan. No podemos ver las emociones, pero las podemos sentir a veces con tal intensidad que hasta nos agobian, ¿cómo puede agobiarte algo que no existe? Lo cierto es que las emociones son energía, como lo somos nosotros y todo lo que nos rodea.

La escritura de las palabras, por otro lado, imprime aún más fuerza a las afirmaciones. La escritura es la impresión simbólica de lo que decimos y al imprimirse deja un recuerdo energético que sigue vibrando en el papel. Podríamos decir que nuestro inconsciente es el papel de nuestra mente en donde se escriben nuestras memorias. De la misma forma cuando escribimos las afirmaciones en un papel estamos plasmando una impresión de lo que queremos que alcance una energía aún más física de manifestación en el plano físico porque ya no sólo la estamos pensando sino que además la estamos viendo.

La escritura fue creada justamente como medio de comunicación, para trasmitir mensajes a distancia y para dejar un precedente una memoria de lo que se pensaba y se comunicaba. Después aparecieron los contratos escritos, donde se deja plasmado un compromiso y donde el hecho de estar escrito representa la prueba de aceptación de lo que ahí se escribe.

Escribiendo afirmaciones positivas de lo que quieres ser o alcanzar, como por ejemplo: Yo soy salud, yo soy felicidad y prosperidad, no sólo le brindará mayor poder creativo a tus intenciones, sino que te ayudarán a ser más preciso en lo que quieres pedir al universo. Llévalas contigo a todos lados para repetirlas durante el día y mantén una en tu mesa de noche para realizar tus ejercicios en la mañana y en la noche.

Experimentos del científico japonés Masaru Emoto con las moléculas de agua corroboran el fuerte contenido energético y la influencia de las palabras en nuestra vida. Con un microscopio electrónico y una diminuta cámara, el científico fotografió las moléculas en dos contenedores de agua mientras los llevaba a punto de congelación. Él había colocado palabras como "Amor" o "Te odio", en pequeñas etiquetas que pego a cada uno de esos contenedores, encontrando que en uno el amor provocaba formas moleculares bellas, mientras que en el otro, el odio, generaba caos. Luego puso música metálica y música clásica, mostrando el mismo patrón de comportamiento en las moléculas de agua; en una se veía el caos y en la otra armonía respectivamente.

Imaginen lo que este experimento puede hacer a nuestro cuerpo si el 80 % de nuestro cuerpo está compuesto de agua. Lo que escuchamos trae una vibración y nos determina. La importancia de esto no sólo en nuestras vidas sino en nuestro proceso creativo radica en que debemos rodearnos de la mejor calidad de energía para nutrirnos de esa energía y usarla en la consecución de nuestros sueños.

Es importante para mí mencionar que todos estos experimentos de los que hablo son la perspectiva científica de fenómenos que han sido explicados ampliamente en la antigüedad por otras corrientes espirituales, a través de la visión clarividente de seres iluminados o iniciados que han leído todo esto en la memoria de la naturaleza y que afirman que tenemos la capacidad de comprobarlos por nosotros mismos cuando alcancemos niveles de consciencia más elevados que nos permitan trascender nuestra visión física del universo.

Volviendo a la trinidad creativa, podemos observar que hay quienes sin conocer estos aspectos de la trinidad del pensamiento creativo (la palabra, la emoción y la visualización) logran cambiar su realidad. Estas personas seguramente han desarrollado estos tres aspectos de manera intuitiva, poniendo emoción en sus oraciones y afirmaciones he imaginando los escenarios sin saberlo conscientemente.

Recordemos que las imágenes que nos rodean, la música que escuchamos, todo nuestro alrededor está cargado de mensajes, afirmaciones y energía que a través de la repetición terminan influenciando nuestra realidad. Por eso debemos hacer uso de nuestra consciencia para ayudarnos con todas las herramientas a nuestro alcance. Escuchar música relajante, de la nueva era o música clásica, eleva nuestro patrón vibratorio y con esto podemos conectar más fácil con energías superiores, escuchar el mensaje de nuestros guías y volvernos más intuitivos dando un salto cuántico hacia la realidad que deseamos manifestar.

La mejor manera de trasformar nuestra realidad es comprender cómo funciona y cuáles son las leyes que la determinan, para así crear la realidad que queremos conscientemente.

Capítulo V

Espejos Emocionales

LAS EMOCIONES TAMBIÉN CONSTITUYEN RESPUESTAS empáticas. Las emociones responden empáticamente a los pensamientos. Cuando pensamos algo positivo existe una reacción empática de una emoción también positiva que es la que terminas conectando y experimentando.

Sin embargo, existe una falsa creencia con la cual todos hemos crecido. Se nos ha enseñado que cuando experimentamos una emoción simplemente esa emoción ha llegado a nosotros. Se nos ha enseñado que la emoción está asociada a las situaciones que vivimos. Pero no se nos ha explicado que nosotros somos los que escogemos esa emoción. Se nos ha enseñado a identificar el tipo de emoción y a nombrarla, pero no sabemos cómo generar emociones conscientemente, porque se tiene la creencia de que las emociones no se pueden crear, solamente sentir y esto es un error.

Esto nos ha llevado a responder a nuestras experiencias de manera inconsciente; las emociones que sentimos no son más que recuerdos de otras experiencias similares y ya no tenemos emociones nuevas y originales, sino memorias de esas emociones.

Esta concepción sobre las emociones nos limita a ser tan sólo lectores de la realidad y no los creadores de ella.

Las nuevas explicaciones de la neurología apoyan los planteamientos de la psicología respecto a la importancia de nuestra primera experiencia con las cosas y con las personas y como esta primera experiencia nos determina.

Pero ¿en qué radica la importancia de la primera experiencia? En realidad la importancia no solo radica en el hecho de ser la primera experiencia sino también en la intensidad de ésta. Nuestras primeras experiencias son importantes porque construyen la base de las asociaciones que vendrán con nuestras experiencias futuras, representan el primer contacto con el mundo y ese primer contacto deja una impresión, por eso me gusta la frase que dice que no hay una segunda oportunidad para dar una primera impresión. Si has crecido en una familia castigadora, donde solucionaban todo a los gritos, por ejemplo, siempre vas a tender a sentirte regañado, gritado y castigado por todo y por todos porque esa conexión neuronal está establecida y ha sido construida por reacción, no por creación, pues siendo un niño no sabías cómo crear deliberadamente. Ahora puedes hacerlo, puedes crear nuevas impresiones y conexiones y esto te permitirá ser diferente. Nuevas y mejores conexiones pueden ser construidas deliberadamente con nuestra intención.

El cerebro está acostumbrado a trabajar desde la reacción y no desde la creación. Es decir que reaccionamos ante los estímulos de nuestro entorno a través de la percepción de nuestros sentidos y según lo que vamos experimentando, así mismo vamos reaccionando, sin tener control de los estímulos, solo de nuestra reacción.

Con la técnica de la empatía cuántica utilizamos el otro aspecto del cerebro que es su poder creativo, aplicando estímulos internos (la visualización creativa), los cuales generan los mismos resultados que los externos (porque la mente no diferencia entre lo que ve y lo que imagina) con la diferencia de que los estímulos internos pueden ser planeados y controlados estratégicamente para alcanzar el resultado que esperamos.

En realidad experimentamos las emociones que escogemos experimentar. Muchos podrán decir, bueno nadie escoge la tristeza o la rabia por sí mismo, pero por absurdo que parezca también escogemos las emociones negativas. Esto ocurre porque hemos memorizado asociaciones entre lo que vivimos y las emociones. Estas asociaciones han sido aprendidas e incorporadas en nuestro esquema emocional y mental y ante cada situación escogemos la emoción correspondiente, como ponernos tristes, por ejemplo, cuando alguien se va o el enojarnos cuando perdemos algo.

La realidad es que somos generadores de emociones y no simples receptores de ellas.

Digamos que alguien te hace un regalo, tú tienes dos opciones; puedes recibirlo con gratitud y ponerte feliz o puedes sentirte ofendido porque te parece muy poco. Las dos emociones son posibles, tú eres el que escoge cómo quieres experimentar esa energía. Lo que nos hace escoger una emoción y no otra es la proyección de nuestras expectativas; son nuestras creencias más arraigadas y nuestras asociaciones las que determinan que emoción experimentaremos. El vaso puede estar medio vacío o medio lleno, todo depende de cómo decidas verlo. De aquí viene la importancia de conocernos y sanar, para comenzar el proceso de creación libre de interferencias, con claridad mental para poder crear una nueva realidad.

El asumir una actitud positiva no es suficiente, lo digo por mi propia experiencia. De hecho esta es la razón por la que la mayoría de las personas abandonan la tarea de crear el mundo que desean y terminan resignándose con lo que tienen, porque no saben cómo crear las emociones por ellos mismos; sólo reconocen la vieja asociación y no saben que pueden cambiar esa asociación aprendiendo una nueva, como lo hicieron la primera vez.

De hoy en adelante puedes elegir generar tus emociones de manera consciente. Puedes crear esta realidad tomando consciencia de esto y apoyándote con la siguiente afirmación:

De hoy en adelante generaré mis emociones de manera consciente.

Escogeré emociones positivas como mi experiencia de vida.

(Repítelo, visualízalo y siéntelo).

Si te cuesta trabajo sentir la emoción positiva, al principio puedes evocar un recuerdo, buscar actividades, personas, imágenes o películas donde puedas conectar con ese sentimiento, cosas que te generen esa sensación de ser aceptado, de ser amado y avívalas al máximo en tu interior al tiempo que visualizas y repites las afirmaciones.

Cuando experimentamos una emoción hay un órgano de nuestro cuerpo llamado hipotálamo que fabrica respuestas químicas a partir de estas emociones que experimentamos. La vieja creencia de que el cerebro era el que mandaba la señal al corazón está revaluada. Al nivel físico, primero sentimos y luego pensamos.

El corazón manda la señal al cerebro y una vez en el cerebro, el hipotálamo reacciona generando neurohormonas (neuropéptidos), substancias que son liberadas a través de la glándula pituitaria hasta la sangre. Una vez en la sangre se conecta con las células que tienen esos receptores en su exterior. Lo curioso es cada una de estas células se encuentran esperando recibir estas neurohormonas de tristeza, alegría, pesimismo, positivismo, etc. Tiene miles de receptores rodeando su superficie, como abriéndose a esas experiencias emocionales.

Imagina una célula con los receptores abiertos para recibir lo que nosotros mismos enviamos, química de amor, de desamor, de odio, etc. Las células trabajan para nosotros; el conjunto de ellas conforma tejidos y órganos y funcionan con la química que nosotros mismos fabricamos. Por consiguiente nuestro cuerpo y nuestra salud es el resultado de lo que sentimos y lo que pensamos. Pero si fabricamos la enfermedad, también podemos fabricar la cura.

Una profesora de la universidad de medicina de Georgetown Candance Pert, poseedora de patentes sobre péptidos modificados o neurohormonas explica este fenómeno de la siguiente forma: "Cada célula es un pequeño hogar de conciencia. Una entrada de un neuropéptido (neurohormona) en una célula equivale a una descarga de bioquímicos que pueden llegar a modificar el núcleo de la célula".

Esta explicación nos confirma que reproducimos a escalas microscópicas lo que sucede en el macrocosmos. Nos reflejamos hacia adentro y hacia afuera. Reflejamos en nuestras células nuestros pensamientos y emociones y reflejamos en el planeta tierra nuestros pensamientos y emociones.

Capítulo VI
La Ley de Correspondencia

No hay duda de que somos parte de una unidad perfectamente sistematizada que trabaja a través de una ley de correspondencia; nos reflejamos en otros y otros se reflejan en nosotros. Es como si ubicáramos dos espejos uno frente al otro, lo que veríamos sería un reflejo y multiplicación infinita del uno en el otro; por eso digo que somos el microcosmos del macrocosmos porque así como las células hacen parte de nosotros, nosotros somos las células del universo. A esto le llamo correspondencia.

Nuestras células conforman tejidos, esos tejidos órganos, esos órganos sistemas (sistema circulatorio, sistema nervioso, etc.) y esos sistemas nuestro cuerpo; nuestro cuerpo y espíritu conforman nuestro ser, nuestro ser es parte de una familia, nuestra familia parte de una sociedad; esa sociedad hace parte de una región, esa región parte de un planeta y este planeta a su vez hace parte de un sistema solar y este sistema solar es parte del universo, en el que como seres humanos tenemos un objetivo y una misión.

Si analizamos la organización del átomo (el microcosmos) nos daremos cuenta que se asemeja extraordinariamente a la del universo (el macrocosmos), unos electrones (planetas) girando alrededor de un sol o núcleo (protones y neutrones). Por eso decimos que somos el microcosmos del macrocosmos y en nuestro nivel de organización humana somos interdependientes unos de otros; estamos llamados a desarrollar determinados talentos y objetivos para poder funcionar como sociedad. Unos somos escritores, otros doctores, cantantes, mensajeros, carpinteros, etc. Nos complementamos unos a otros, en un acto de correspondencia que responde a un fenómeno de empatía no sólo entre humanos sino también entre especies y entre energías. La tierra nos brinda los elementos que permiten nuestra existencia y nosotros a su vez generamos gas carbónico para las plantas; esto nos hace parte de un sistema natural y varios sistemas naturales hacen parte de un planeta que llamamos Tierra.

Me baso en esta perspectiva cuántica para afirmar que somos reflejos de nuestro entorno así como nuestro entorno es un reflejo de nosotros porque contenemos y nos contiene. Somos parte de una correspondencia. Somos producto de la empatía entre dos energías. Sucede todo al mismo tiempo. Por eso el budismo habla de que los objetos que vemos no son reales tal como los vemos porque los vemos separados de nosotros y no lo están; estamos unidos a todo y a todos y todo esta unido a nosotros; no necesitamos sujetar la mano de otro para estar unidos a él o ella porque existen redes energéticas, de material tan sutil que no podemos percibir físicamente, pero que nos conectan con todo lo que nos rodea, aún después de los confines de nuestra piel. Somos parte de un todo, de una unidad sistemática inteligente que interactúa de manera empática a través de una ley de correspondencia.

Nuestro cerebro tiene la función de generar substancias a partir de nuestras emociones y nuestras células tienen la función de responder como receptoras habituándose a "recibir" cada uno de los químicos de esas emociones: química de alegría, tristeza, ansiedad, ira, generosidad, pesimismo, cualquiera que sea, nuestras células se habitúan a determinadas emociones y crean hábitos de pensamiento.

Esto nos llevaría a decir que vivimos en el pasado recreando las mismas experiencias una y otra vez. Literalmente lo hacemos, desde el ámbito físico hasta el plano espiritual. Nuestro cerebro está recreándose continuamente, repasando las mismas conexiones una y otra vez.

Cada nuevo pensamiento crea una nueva conexión y estas conexiones neuronales se van expandiendo hacia nuestras células y se refuerzan a través de la repetición. Así es como realizamos asociaciones automáticas espontáneas entre lo que vemos y lo que sentimos, porque esa correlación ha sido grabada en la memoria celular a tal punto que se vuelve automática. Incluso cuando aprendemos algo como manejar un auto, una vez que lo incorporamos en nuestra memoria, lo hacemos automáticamente y pareciera que ni lo pensáramos, simplemente lo hacemos. En realidad sí lo pensamos pero ese pensamiento conoce la ruta y la recorre en milésimas de segundo que parece que el pensamiento se suprimiera y se produjera sólo la acción.

Cuando tenemos una experiencia negativa como ser engañado, por ejemplo, hace que cada que vez que nos relacionemos con alguien asociemos el amor con engaño y si no interrumpimos esa conexión, seguirá afianzándose en la memoria celular hasta convertirse en nuestro historia de vida. Pero si re-significamos esa experiencia podemos crear una nueva asociación positiva acerca del amor de tal forma que cuando nos relacionemos nuestras expectativas sean positivas al igual que nuestra experiencia.

Interrumpir esas conexiones quiere decir desaprender y reaprender nuevas formas de vivir las emociones. Esto es lo que en la actualidad se conoce como reprogramación. Este ejercicio de reprogramación consiste en tomar conciencia del patrón de pensamientos predominante que queremos cambiar, desaprenderlo y aprender uno nuevo.

Al igual que la memoria celular, tenemos memoria humana y esas memorias deben ser reprogramadas. Somos en menor escala la representación del universo. Contenemos al universo y el universo nos contiene a nosotros.

Nos encontramos en una era del cambio de un despertar de consciencia a todos los niveles del universo. Lo que en astrología se llama la era de Acuario y que trae según los astrólogos, una energía de cambio, de transformación y de despertar espiritual.

Así como nosotros enviamos mensajes a nuestras células, en nuestro proceso de cambio con nuestros pensamientos y emociones, el universo y nuestros guías también están generando cambios; existe una inteligencia divina que está enviando mensajes de unidad, de amor y de compasión a nivel mundial; está generando pensamientos de solidaridad y sentimientos de compasión, a través de las crisis ecológica mundial y las guerras porque quiere cambiar la programación de destrucción actual. Esta energía envía mensajes para que nosotros como células de su cuerpo la recibamos y nos habituemos a ella, trabajando cada uno como parte de una familia (tejido), de una sociedad (órgano) desde nuestras actividades diarias, acogiendo esa nueva química, esa nueva energía de amor y de unidad.

Una prueba de esto son las imágenes de la medición de la vibración del planeta tierra antes y después del evento del 9/11. Un experimento llamado (GCP) (Proyecto de Concientización Global) que se venía desarrollando antes de este acontecimiento con el uso de "Random Event Generators" (Generadores de Eventos Aleatorios), que son mini computadoras que producen secuencias aleatorias de unos y ceros, que en palabras simples podemos decir que miden la vibración. El experimento consistía en ubicar estos medidores energéticos en diferentes lugares a lo largo y ancho del planeta tierra para medir su vibración cuando grandes grupos humanos realizaban actividades de unión y fraternidad. Estando estos lectores conectados y sin ser ese el propósito del experimento lo que observaron fue que el día del ataque a las Torres Gemelas la energía disminuyó a niveles muy bajos, especialmente mientras los aviones impactaban las Torres; sin embargo, también pudieron observar que estos niveles aumentaron drásticamente los días siguientes a este evento, demostrando así que las expresiones de solidaridad y de hermandad que, sin importar la cultura o religión, se desplegaron alrededor de todo el mundo reflejaban un aumento significativo en la vibración de la Tierra.

Esto es una prueba más de la existencia de una correspondencia entre nosotros y nuestro entorno; es una prueba más de que no estamos separados y de que existe la posibilidad de crear a través de la empatía, porque esta ocurra espontáneamente, pero también podemos inducirla y esto constituye los dos tipos de empatía cuántica que desarrollaré más adelante: la empatía espontánea y la empatía progresiva.

¿Cómo podemos entonces responder a este llamado del universo y alinearnos con esta energía?

Como lo mencioné al comienzo del libro todos los caminos nos llevarán al mismo lugar; la diferencia está en el tiempo que nos tome llegar. Está en nosotros escoger si queremos ir a pie, en auto o en avión. Todos terminaremos por aprender la lección, algún día nos graduaremos en la escuela de la vida, pero tenemos la opción de vivir como co-creadores o como seguidores.

La empatía ocurre en positivo y en negativo, funciona espontáneamente por una ley de correspondencia, estés consciente de ella o no. Esto quiere decir que cada vez que dices "no quiero sentirme triste", evocas el sentimiento e imágenes de tristeza y el cerebro responde con la química de la tristeza. Te sentirás aún más triste y conectarás con cosas que te pondrán más y más triste. De la misma forma ocurre con nuestro entorno, cuando dices: "No hay trabajo para mí, la situación está muy difícil", evocas esa sensación de estar desempleado y pasando dificultades y el cerebro del universo responde, reflejando la energía de dificultad y desempleo a tú alrededor y tú, como célula del universo, recibirás cada vez más dificultades y seguirás desempleado.

Somos energía vibrando a una determinada frecuencia y de acuerdo con la frecuencia en que vibremos será nuestra experiencia. Todo aquello en lo que pensamos, todo aquello de lo que hablamos y también lo que criticamos, tiene una frecuencia positiva o negativa, y al centrar nuestra atención en aquello que queremos, comenzamos a vibrar en su frecuencia, conectamos con la energía de las cosas. Cuando algo te es indiferente, muere por inanición, pero todo aquello a lo que dediques tu atención irá creciendo y encontrando el camino hacia tí. Es así de simple, lo semejante atrae lo semejante porque es el instinto natural de la existencia. Cuando centras tu atención en una planta, por ejemplo, la cuidas, la riegas, le hablas, la planta crece y hasta dá frutos. Pero si te olvidas de ella, morirá con el paso de los días.

La ley de la atracción de Abraham es una ley que dice que atraemos a nosotros todo aquello en la que centramos nuestra atención.

Les contaré mi experiencia aplicando la ley de la atracción que constituiría más adelante el descubrimiento del primer principio de la técnica de la Empatía Cuántica.

Cuando escuché sobre la ley de la atracción, compré los audios y comencé a escucharlos y a ponerlos en práctica. En aquel entonces estaba rondando por mi mente la idea de abrir un café. Esa idea había surgido después de hablar con un amigo sobre la posibilidad de abrir un negocio. Yo estaba trabajando en un periódico y me iba bastante bien; había ahorrado por tres años con la idea de abrir un centro de terapias alternativas de sanación. Este amigo muy exitoso económicamente me aconsejó que mejor me inclinara por otro tipo de negocio que se ajustara más a la economía que vivíamos, porque el centro de terapias alternativas no lo consideraba un buen negocio. A partir de esa conversación y pensando que debía dejarme guiar por un experto, decidí que un café sería lo que abriría y que el café me daría el dinero necesario para más tarde abrir el centro de terapias alternativas que tanto quería.

Me enfoqué en cuerpo y alma a buscar el lugar ideal; estudié el mercado del café hasta volverme una experta. Los precios de los locales comerciales eran bastante costosos y pedían como requisito experiencia y estabilidad económica para poder rentar cualquier lugar y yo no tenía ni lo uno ni lo otro. Pero tenía la ley de la atracción y la apliqué.

Comencé la búsqueda por todos lados, en todas las zonas de la ciudad; apliqué a un lugar y no aceptaron mi aplicación; luego encontré otro e hice una cita, no llevaba nada preparado; ese día fue algo accidental, estaba en la zona y cuando vi el aviso de 'Se renta' llamé. La persona que contestó me dijo que podía mostrarlo ya si quería. Llegué al lugar y me mostraron el local; era el espacio perfecto y la zona cumplía con los requisitos de lo que buscaba. Entonces pregunté qué necesito hacer si quiero rentarlo y la señora que mostraba el local me llevó inmediatamente con uno de los jefes.

Era un negocio familiar y uno de los dueños se encontraba esperándome, me hizo pasar y me dijo: Entonces ¿está usted interesada en el local? Sí, respondí y él preguntó ¿Qué negocio piensa poner?

Un café, respondí, y le expliqué el concepto que había desarrollado. Terminando mi explicación le pregunté: ¿Cuáles son los requisitos para rentar? Su respuesta me dejó perpleja. Él contestó muy serio, diciendo: "Nada, usted dice que quiere poner un café y que tiene el dinero para hacerlo y nosotros le creemos". Yo estuve tentada a mirar hacia las esquinas de la habitación para ver dónde estaba la cámara escondida, me parecía inverosímil. Pero era real. Él me dijo "Llena esta forma con tus datos y puedes hacer una cita para ultimar detalles". La mayoría de los lugares pedían dos y hasta tres meses de depósito para tomar el local. Entonces hice la pregunta y él me contestó: "Solo pedimos un mes, pero si usted no tiene todo eso podemos hacerlo con la mitad. Entonces comencé a pensar, esto no puede ser tan bueno y comencé a averiguar hacía cuánto habían desocupado el local, porque a lo mejor estaban desesperados por rentarlo. El local había sido desocupado hacia sólo un mes y el anterior arrendatario tenía una tienda de bicicletas, pero el negocio había crecido tanto que había tenido que mudarse seis bloques más abajo en la misma calle, a un local más grande. Saliendo de aquella cita fui a cerciorarme de que lo que el señor me había dicho era cierto y efectivamente lo fue; el anterior arrendatario había movido su almacén de bicicletas por las razones que ya me habían dicho.

Estaba emocionada y asustada al mismo tiempo, todo estaba a mi favor y después de muchos preparativos y planes me rentaron el local y me dieron tres meses gratis para hacer modificaciones y preparar la apertura. Finalmente logré materializar aquello que tanto pensé y planeé. Renuncié al periódico para dedicarme al café. Tenía tanta seguridad de que el café funcionaría que un día una amiga me preguntó y ¿qué harás si no funciona? Y yo, sin la más mínima duda en mi mente o en mi corazón, le contesté: Es un hecho, va a funcionar. No pienso en ese escenario porque esto funcionará.

Hice todo lo que se debía hacer, publicidad en varios medios, servicio al cliente, calidad en el producto, precios muy razonables, planeación y un colchón de 10 meses; todos mis ahorros para sostener el proyecto hasta que volara por sí solo.

El café fue tomando fuerza y a la gente le encantaba el producto; el diario más importante de la ciudad, el Times Union sacó un artículo sobre uno de mis platos. Y a la semana siguiente el café estaba lleno de lectores que querían probarlo.

Sin embargo, después de siete meses y aunque el café tenia entradas regulares, todavía tenía que poner dinero de mi bolsillo para cubrir los gastos. Mis ahorros se empezaron a agotar. Pero cuando la gente preguntaba cómo iba todo, yo les decía que excelente, que estaba mejorando cada día más; puse una foto del café, completamente lleno de clientes y la puse en un lugar de tal manera que la veía todos los días, pero al cabo de los meses comencé a sentirme cansada, las jornadas eran largas y extenuantes; no tenía descanso, adelgacé más de lo que hubiese querido y la economía estaba en su peor momento. Recibí ayudas de todos lados y formas, el dueño del local redujo la renta a la mitad para que yo pudiera quedarme. Saqué especiales, ofrecí domicilios, repartí volantes, traje música en vivo y hasta repartía ejemplos del café y comida en la calle y gustaban; sólo me faltó pararme de cabeza y al final tuve que cerrar el café.

Terminé sin dinero, con una terrible desilusión. Pero sobre todo con una pregunta agobiante ¿Por qué no había funcionado? La economía no era suficiente razón para mí porque sé que eso es sólo una excusa; no hay nada imposible para el universo, no importan las circunstancias. ¿Qué había hecho mal? Antes de cerrar, un experto en este tipo de negocios vino a visitar el café y a darme su opinión. Después de pasar casi todo el día observando y comiendo los productos que vendía, me dijo: "El concepto es muy bueno, a la gente le gusta, los precios son los correctos, el local y la zona están bien, pero lo mejor es que cierres, la economía está muy mal, es mejor que no te endeudes, no sé, tal vez este tipo de comida no es para esta zona". Él tampoco le encontraba una explicación muy lógica al porqué no estaba funcionando y terminó adjudicándolo a la economía.

Así como todo se me había facilitado al comienzo lo fue al final; tenía un año más de contrato, que debía pagar según los términos legales, pero el dueño del local, a quien continúo agradeciendo, me dijo que me olvidara de eso. Vendí los equipos en menos de dos semanas y quedé sin deudas.

Fue una gran experiencia, aprendí muchísimo, logré traer a la realidad algo que imaginé, tuve el coraje de perseguir y lograr materializar un pensamiento en menos de un año. Pero ¿por qué no había funcionado?

Me encontraba sin rumbo, triste y con un gran sin sabor. Había apostado toda mi energía en ese proyecto, había hecho todo lo que se suponía debía hacer, apliqué la ley de la atracción y no había funcionado. ¿Por qué? La respuesta a esta pregunta la vine a descubrir sólo hasta hace poco.

Cuando centras tu atención en algo que quieres, decretándolo, poniendo tu intención, deseo, emoción y tu imaginación en ello lo puedes conseguir, siempre y cuando no existan interferencias del inconsciente y ésta es la parte que nadie explica de la ley de la atracción. Aunque logré abrir el café tal como lo visualicé, conseguí cosas que otros consideraban imposibles y convertí ese pensamiento en una realidad material, hubo dos cosas que pasaron desapercibidas para mí en ese momento, pero que se constituirían en la base de la técnica de la Empatía Cuántica que desarrollaría más adelante.

Lo primero que paso desapercibido para mí fue que el café no era mi deseo último, era el camino hacia algo más; es decir, yo había utilizado la ley de la atracción para construir el COMO, cuando el COMO, debe ser del dominio del universo; el universo sabe cuál es el mejor camino y el más conveniente hacia tu objetivo final y cuando tratamos de decirle al universo cómo llegaremos a eso, estamos entorpeciendo nuestra creación, especialmente porque los COMOS que escogemos generalmente están determinados por nuestra mente inconsciente.

Mi verdadero deseo era ser sanadora, dar conferencias, escribir libros y abrir mi centro de terapias alternativas, pero en lugar de visualizar el centro que quería, decidí visualizar y construir el camino hacia él. El café representaba el cómo, no el destino final y desde su origen el café, como energía, sabía que iba ser abandonado por su creadora, pues no era mi objetivo final. La ley de la atracción funcionó a la perfección; construí un camino y ese camino me llevó a donde estoy ahora, pero el café como tal no funcionó porque no era el fin.

El segundo aspecto que no contemplé y el cual sembró los primeros pinos de mi acercamiento hacia la creación de la técnica de la Empatía Cuántica fue el comprender que la ley de la atracción dice que atraemos a nosotros todo aquello en lo que pensamos, pero no explica que hay una parte de nuestra mente que es inconsciente y que nuestros pensamientos inconscientes también tienen la capacidad de atraer. Logré descubrir que en medio de todos esos pensamientos positivos y toda esa energía positiva que sentía tan fuerte en mí ser, existía un pensamiento muy escondido en mi interior del cual no era consciente. Ese pensamiento, aunque muy escondido, fue lo suficientemente fuerte como para atraer su misma energía.

Logré hacer consciente este pensamiento después de haber jugado un partido de tenis de mesa. Siempre me han gustado los deportes y el tenis de mesa se ha convertido en mi práctica preferida. Había asistido a un torneo que organizó la ciudad, en el cual resulté ganando sólo un partido de cinco. Me sentía una perdedora, me ofusqué muchísimo conmigo misma; había generado expectativas alrededor de mi desempeño porque siempre recibía buenos comentarios de otros jugadores y de mi entrenador, quienes decían que tenía mucho futuro y que había mejorando muchísimo.

Cuando me senté a analizar el porqué me había enojado tanto, comencé a recordar que había experimentado esa misma sensación de frustración muchas veces en mi vida, no sólo con eventos deportivos sino en mis estudios en la universidad. Recordé un semestre que me propuse ganar una beca por desempeño académico y estudié, esforzándome y concentrándome en alcanzar ese objetivo sin descanso. Al final conseguí estar entre las mejores, pero no fue suficiente para ganar la beca. En mi exploración de este sentimiento, fui aún más atrás en la época de la escuela cuando era niña y recordé que quería izar bandera; izar bandera significaba que tu desempeño era bueno y me esforcé poniendo todo de mí, pero obtuve el mismo resultado, no fue suficiente y mis lágrimas comenzaron a brotar sin parar; acababa de descubrir que en el fondo de mi ser me acompañaba la sensación y el pensamiento de '*no ser lo suficientemente buena*'; esa sensación la reconocía muy bien, la había experimentado en varios eventos durante mi vida. Siempre me había ido muy bien, pero no lo suficientemente bien; siempre lograba lo que me proponía, pero no al nivel que quería; siempre había algo que faltaba porque el pensamiento de no ser lo suficientemente buena estaba ahí y yo no era consciente de ello.

Terminé por descubrir que había desarrollado esa creencia a partir cosas que habían hecho mis padres en mi infancia. Aunque no guardaba ningún rencor por esas experiencias, los recuerdos y su aprendizaje inconsciente estaban ahí y me había hecho daño. Así que decidí hacer un proceso de perdón y crear mi nueva programación. Hoy reconozco que soy lo suficientemente buena para todo lo que me propongo en la vida.

Entonces descubrí que la ley de la atracción no funciona tan sólo con imaginar y sentir en el presente lo que queremos alcanzar. El café terminó siendo el camino que yo construí desde mi creencia de no ser lo suficientemente buena y terminé atrayendo el fracaso para confirmar ese pensamiento inconsciente.

Esa creencia no parecía estar en mi vida como una limitante, nunca me había sentido insuficiente; todo lo contrario, siempre me había considerado una persona segura de mí misma, con una excelente autoestima. Sin embargo, esa creencia estaba ahí, en lo más profundo de mi ser y sólo había aparecido como una sensación de frustración, mas no directamente con el hecho de no sentirme lo suficientemente buena.

Después de mi ejercicio de perdón comencé el proceso de sanación. Hoy soy practicante de Reiki, ayudo a otros a sanar a través diferentes terapias alternativas de sanación y talleres de crecimiento personal, donde he descubierto que la creencia de no ser lo suficientemente bueno acompaña a casi todos de una u otra forma. También trabajo para una organización sin ánimo de lucro como entrenadora, donde ayudo a trabajar en equipo y a encontrar un sentido a lo que hacen y este libro es una manifestación más de mis deseos.

Los pensamientos inconscientes son una energía que necesita vibrar al mismo nivel con nuestros pensamientos conscientes, pues de lo contrario se genera una interferencia y terminamos manifestando algo diferente a lo que queremos.

Esto constituye el primer principio de la técnica de la Empatía Cuántica:

Para poder reflejar lo que quieres en el afuera, debes concebirlo primero dentro de tí.

Este principio parte de la base de que nuestro entorno y nuestras experiencias son un reflejo de nuestro mundo interior y si no realizamos un proceso de reprogramación, seguiremos conectándonos empáticamente con lo negativo.

La única forma de liberarnos de esta interferencia de los traumas y las creencias negativas es trabajar de la mano con la mente inconsciente, reprogramándola para poder concebir lo que deseamos desde nuestro interior y así poderlo reflejar en el espejo de la realidad que vivimos.

Capítulo VII

La Empatía Interior

Si continúas haciendo lo mismo que has venido haciendo hasta ahora, obtendrás los mismos resultados que has obtenido hasta ahora. Si realmente quieres cambiar tu vida necesitas hacer algo diferente a lo que has venido haciendo, pero para poder cambiar tus acciones, necesitas identificar el patrón de pensamientos actual que es el que te lleva a la acción. Necesitamos identificar las creencias negativas en tu interior porque ellas determinan tu experiencia.

Si aplicamos la técnica de la Empatía Cuántica sin reconocer nuestro punto de partida para realizar el proceso de preparación, terminaremos reflejando los mismos resultados que hemos reflejado hasta ahora.

Por eso el primer paso para poner la Empatía Cuántica a trabajar a nuestro favor es comprender nuestro interior, para reprogramar aquellos pensamientos negativos que han interferido con nuestros verdaderos deseos y así comenzar a reflejar la realidad que deseamos. En otras palabras, debemos encontrar primero la empatía interior.

Para esto es de gran beneficio comprender cómo funciona nuestra mente. Nuestra mente se manifiesta de manera dividida en tres estados: la mente consciente, la mente subconsciente y la mente inconsciente.

La mente consciente es la que utilizamos a diario para decidir cosas como cuándo cruzar la calle, qué vamos a comer, qué ropa usaremos, etc. Cuando queremos recordar algo que está en nuestra memoria debemos acceder a la mente subconsciente, que es la que almacena las direcciones, teléfonos y recuerdos de experiencias vividas. La mente inconsciente es nuestro piloto automático, es la que responde instintivamente para protegernos, es la que archiva lo que ya hemos aprendido hasta realizarlo automáticamente.

Se calcula que el inconsciente procesa unos 11 millones de bits por segundo mientras que la conciencia, funcionando al máximo, tiene capacidad de procesar 50 bits por segundo. Lo que hace a la mente inconsciente más rápida es que no está filtrada o controlada por nuestros sentidos. Nuestros sentidos son lo que nos hacen experimentar la realidad fragmentada en tiempo y espacio, pero en realidad todo está sucediendo al mismo tiempo, aquí y ahora como un gran salto cuántico.

El "arte de fluir" que quiere decir permitir que las cosas fluyan y que las cosas sean sin resistirnos a ellas; en otras palabras, no nadar contra la corriente sino utilizar la corriente sabiamente para impulsarnos, nos llevará a alcanzar nuestros objetivos de manera más rápida y armónica. Lo interesante es que este arte de fluir en términos psicológicos es justamente dar lugar al inconsciente, dejar que el inconsciente, que es nuestro verdadero Yo, aflore y que sea quien es; esto hace parte importante de nuestro proceso de auto aceptación. Somos el resultado de nuestras experiencias, hayan sido estas gratificantes o dolorosas, nos han convertido en lo que somos hoy. Cuando nos permitimos ser quienes verdaderamente somos, cuando nos liberamos de nuestros propios juicios y críticas del Yo consciente, liberamos nuestro potencial creativo y podemos crear a grandes velocidades o incluso dando saltos cuánticos de una realidad a otra.

El inconsciente ha sido mal interpretado como una parte indeseable de nuestra mente. Ha sido catalogado como el lugar de los recuerdos y de los traumas, pero si bien el inconsciente alberga los recuerdos traumáticos de nuestra experiencia, también guarda los recuerdos positivos de nuestra experiencia y es el inconsciente el que nos mantiene vivos. Cuando dejamos de respirar conscientemente por ejemplo, el inconsciente es el que toma control en ese momento y nos mantiene respirando automáticamente. El inconsciente es donde se albergan todas aquellas cosas que hemos aprendido conscientemente y que una vez aprendidas y memorizadas han pasado al subconsciente y luego han terminado en el nivel inconsciente donde las cosas se realizan de manera automática.

En el inconsciente se encuentran también los patrones de comportamiento y reacciones que tenemos ante determinadas circunstancias y estos patrones constituyen nuestras creencias, pensamientos, emociones y los impulsos protectores que estos nos generan. Estos patrones han sido alojados en el inconsciente desde situaciones y vivencias milenarias, contiene la información de nuestros antepasados y de la evolución de la humanidad. Lo que llamamos instinto de supervivencia, por ejemplo, está alojado en nuestra mente inconsciente y a través de su pronta respuesta realizamos acciones que resultan a veces increíbles, pero que nos salvan la vida cuando nos encontramos en peligro.

Entonces no se trata de resistirnos a nuestro inconsciente o de jugar a atraparlo con las "manos en la masa" como si estuviera haciendo algo malo. Esta es una concepción errónea. El inconsciente responde de manera automática para protegernos; ésa es su misión, protegernos de todo lo que considera pueda ser amenazante o pueda causarnos dolor. Por eso esconde los recuerdos dolorosos, para que no nos hagan daño. Debemos comenzar por reconocer la importante labor del inconsciente en nuestra vida y trabajar de la mano con él en una relación de empatía donde comprendemos cómo funciona y lo integramos como nuestro aliado en nuestro proceso creativo, así obtendremos mejores resultados.

Cuando permitimos que el inconsciente haga su trabajo mientras nosotros comenzamos a bridarle nuevas asociaciones positivas sobre lo que queremos modificar y las reforzamos a través de la repetición, lograremos que lleguen a nuestro inconsciente y se alojen ahí indefinidamente, modificando las asociaciones por unas positivas que nos permitirá reflejar la realidad que queremos.

Digamos que has identificado que tienes la creencia inconsciente de ser rechazado, te sientes rechazado por tus amistades, en el trabajo te hacen a un lado y ya que lo piensas detenidamente recuerdas que cuando eras niño(a) tu padre te rechazó de tal forma que te lastimó profundamente y creciste con el rechazo como una forma de relacionarte. Hasta ahora has hecho todo inconscientemente para ser rechazado y poder confirmar lo que aprendiste. Lo que el inconsciente ha hecho es programarte para esperar el rechazo, pues al tener la expectativa no habrá sorpresas y sin sorpresas desagradables no habrá tanto dolor; esta es la lógica del inconsciente. Entonces te acostumbras a ser rechazado, vibras en la energía del rechazo y por eso reflejas el rechazo todo el tiempo en el espejo de tu realidad.

Es en estos aspectos del inconsciente donde necesitamos trabajar la reconciliación; la empatía a través de la reprogramación con una nueva creencia positiva que pueda conectarnos con lo que verdaderamente queremos y para poder sentir empatía con nuestro interior debemos conocerlo y entenderlo tal y como es.

Desde la perspectiva Freudiana de la psicología encarar al inconsciente es imposible, ya que lo concibe como el opuesto al consciente; es un planteamiento de blanco o negro en donde si puedes encarar el inconsciente ya será consciente, pero en realidad no son opuestos, son mas bien diferentes grados de consciencia, una muy cercana de la otra y cuya interrelación no es estática, sino que fluctúa, cambia de acuerdo con nuestra disposición y nuestro estado de ánimo.

Osho, un líder espiritual indio, dejó entre sus muchos legados un ejercicio muy interesante que promete hacer posible la confrontación de nuestro inconsciente. Curiosamente este ejercicio trabaja a través de un espejo, como método de conexión, lo cual respalda la teoría de la Empatía Cuántica respecto a la posibilidad de sentir empatía con nuestro inconsciente para lograr una empatía interior.

El ejercicio consiste en cerrar la puerta de tu habitación dejando tan solo la luz de una vela y dedicarte a observar tus ojos fijamente frente a un gran espejo sin parpadear, dejando incluso que las lágrimas broten. La llama de la vela no debe reflejarse en el espejo, solamente el rostro. Al principio ocurre algo extraño y es que tu rostro comenzará a mostrar diferentes caras, unas muy diferentes a la que conoces e incluso puedes llegar a asustarte, pero estas caras son los disfraces que usas a diario o incluso pueden ser caras de vidas pasadas que no sabías eran tuyas y aparecerán cada vez más, una tras otra. La finalidad de este ejercicio, según Osho, es practicarlo diariamente durante tres semanas más o menos y hasta que suceda lo más extraño: llegará un momento en que no habrá cara en el espejo. El espejo estará vacío. Estarás contemplando el vacío; allí no habrá más rostros. Cuando esto sucede, debes cerrar los ojos, para ver hacia dentro y ahí estarás encarando el inconsciente. En ese momento estarás contemplándote tal cual eres y no podrás engañarte a ti mismo.

Osho afirmaba que a menos que sepamos quiénes somos, nunca podremos ser transformados. Aquí radica la importancia de conocernos, de identificar nuestros pensamientos inconscientes, nuestras creencias negativas, para poder transformarlas de raíz y no colocando máscaras o simulando ser algo que no somos en realidad. El reconocimiento interior es el punto de partida para una exitosa y verdadera transformación.

He querido mencionar este ejercicio porque trabaja con dos elementos que son determinantes en la práctica de la Empatía Cuántica; estos dos elementos son el espejo y el vacío. El espejo permite reflejarnos y conocer quiénes somos verdaderamente en nuestro interior y el vacío nos da la posibilidad de crear; por eso cerramos los ojos, al igual que cuando imaginamos cerramos los ojos para crear en el vacío.

Para poder reflejar la vida que queremos necesitamos conocer nuestro punto de partida, conocer quiénes somos en realidad. Una vez que conocemos nuestro verdadero yo podemos comenzar una verdadera trasformación.

Desde el punto de vista bioquímico vemos que las células están conscientes de si mismas y de su función. Son la unidad de consciencia más pequeña del cuerpo. Cuando te has acostumbrado a una emoción determinada como la de sentirte víctima por ejemplo, las células comienzan a enviar señales al cerebro en forma de voces mentales que te dicen que no han recibido la dosis del día o de la semana; dependiendo con que frecuencia te sientas así. El cerebro reacciona a este mensaje activando situaciones del pasado, para trasmitir imágenes al lóbulo frontal del cerebro, donde se recrean una y otra vez para general la química de víctima nuevamente. A esto algunos expertos le llaman adicciones emocionales.

Se ha descubierto que también somos adictos a las emociones. La adicción es básicamente algo que no puedes parar de hacer, algo que no puedes contener, es algo compulsivo que desencadena una serie de causas y efectos para satisfacer una necesidad y cuando esas causas y efectos no suceden en el afuera, los recreas en el adentro para obtener el mismo resultado. Así, cuando no puedes controlar tu estado emocional, quiere decir que estas adicto a él.

Este descubrimiento sobre las adicciones emocionales confirma mi idea de que no somos víctimas de las emociones o simples lectores de ellas, sino que tenemos el poder de escoger lo que sentimos y también el poder de cambiarlo.

Estas adicciones emocionales representan tus pensamientos inconscientes, sean estos positivos o negativos, podemos identificarlos para trabajar el opuesto o reforzar su aspecto positivo a través de la empatía, abriendo nuevas avenidas y caminos de la realidad que queremos desde nuestro cerebro.

Imagina que vas a crear en tu cerebro las conexiones y avenidas por donde transitarán las nuevas emociones y experiencias que deseas. Una vez construidas las avenidas mentales, las manifestaciones físicas vendrán como resultado de esas nuevas asociaciones y expectativas que has construido en forma de avenidas de consciencia para tu nueva realidad.

Para cambiar cualquier creencia negativa debes crear su opuesto positivo en una afirmación. En el caso de alguien que se siente rechazado por ejemplo sería algo como:

El mundo me acepta; yo me acepto a mí mismo; me amo y me acepto profunda y completamente; la gente me quiere; yo disfruto de mi compañía al igual que los demás disfrutan de ella.

Luego viene el trabajo de repetir esta nueva programación hasta que tu mente la memorice y la incorpore como verdadera. Lo que la hace verdadera es la conexión neuronal que se genera a través de la repetición. Recuerda que las neuronas envían mensajes continuos unas a otras y cuando el mensaje es nuevo, debemos repetirlo muchas veces, para que las neuronas lo memoricen y establezcan puentes de comunicación más fuertes y rápidos entre ellas.

La visualización juega un papel importantísimo en este proceso y es uno de los aspectos de la técnica de la Empatía Cuántica porque la observación y la visualización se han constituido a lo largo la historia de la humanidad en la manera natural como aprendemos.

Cuando estamos aprendiendo a caminar, por ejemplo, damos unos primeros pasos y las neuronas envían señales unas a otras, comunicando que eso es caminar; esto ocurre mientras realizamos el movimiento, observando nuestro entorno y los referentes como el suelo y los objetos a nuestro alrededor; de repente nos caemos y esto sucede porque estas neuronas están apenas aprendiendo lo que es caminar. Nos ponemos de pie y lo intentamos una vez más, mientras las neuronas vuelven y se comunican entre sí, memorizando los impulsos de esta nueva actividad. Esto sucede en múltiples ocasiones hasta que aprendemos y dominamos la actividad de caminar. A medida que vamos creciendo, esta actividad pasa a realizarse de manera automática; ya no necesitamos pensar conscientemente en dar un paso y después el otro para terminar caminando, simplemente caminamos y esto sucede porque las neuronas han grabado estos impulsos y los realizan de manera automática a través de nuestra mente inconsciente.

El aprendizaje del habla es otro buen ejemplo. Primero escuchamos a otros nombrar los objetos que vemos y es como vamos memorizando esas conexiones hasta que aprendemos a hablar y termina siendo otra actividad automática.

Funciona de la misma forma con las emociones y creencias. Cuando queremos incorporar nuevos pensamientos y emociones en nuestro esquema mental, necesitamos repetir el nuevo pensamiento muchas veces, pero para que las neuronas lo memoricen más fácil y rápidamente debemos incorporar la parte visual y la parte emocional; esto completa la experiencia al nivel de nuestros sentidos: lo vemos, lo escuchamos y lo sentimos. De esta forma estaremos completando el proceso de reprogramación de manera más efectiva porque estaremos llenando todos los aspectos del aprendizaje. Entonces para reaprender tenemos que poner toda nuestra emoción, debemos sentir lo que estamos visualizando mientras lo afirmamos; esto, en otras palabras, brinda la energía y la información que se requiere para imprimir algo en nuestra mente.

Todo lo que experimentamos en nuestra vida, es el resultado de lo que llevamos en nuestro interior, sin excepción. Es una ley de correspondencia que hace que todo lo que vemos afuera sea el reflejo de lo que llevamos dentro, es decir que nuestras creencias, pensamientos y emociones, conscientes o inconscientes, determinan nuestra realidad porque constituyen nuestras expectativas de vida.

Si quieres reaprender tu manera de relacionarte con otros y cambiar el reflejo en el afuera debes modificar el adentro, tus creencias negativas y tus expectativas inconscientes. Una manera de modificarlas es aplicando lo que llamaremos los tres pasos de la técnica de la Empatía Cuántica. El primer paso es repetir la afirmación positiva que queremos programar, el segundo paso es visualizarla y el tercer paso es sentirla.

Digamos que quieres reprogramar la creencia de ser poco inteligente, por ejemplo. En este caso debes repetir la afirmación positiva opuesta. Algo como:

Yo poseo la inteligencia y la sabiduría dentro de mí.
Reconozco mi talento e inteligencia en todo lo que hago.

Mientras la repites, te visualizas en esa condición de ser inteligente y mientras lo visualizas debes experimentarlo, debes sentirte brillante, despierto, reconocido por tu talento e inteligencia y debes ir avivando ese sentimiento cada vez más.

Recuerda esto representa los tres aspectos de la creación de la Empatía Cuántica: Repetición, Visualización y Sentimiento.

Crecemos con pensamientos y sentimientos inconscientes que se van arraigando en nuestro ser. Estos funcionan muchas veces como arquetipos o moldes de la realidad que se van llenando de energía hasta manifestarse en el nivel físico y continuamos usando el mismo molde sin darnos cuenta. Es por eso que una parte primordial para que nuestro proceso de creación sea exitoso, es desarrollar nuestra atención, esto implica darnos a la tarea de identificar y descubrir cuáles son esos pensamientos y sentimientos negativos inconscientes que nos acompañan antes y durante el proceso creativo, para sanarlos y transformarlos. Así, el resultado de nuestra creación será más claro y exacto a lo que realmente queremos.

La fuerza que tienen los pensamientos inconscientes no radica tanto en el que pasen desapercibidos ante nosotros; su fuerza radica en la repetición, son pensamientos que vienen generalmente de nuestra infancia y han ido tomando fuerza con el tiempo a través de la repetición, aunque ésta haya sido también inconsciente, pero la repetición es como una confirmación de ese pensamiento y en cada confirmación el pensamiento toma más fuerza y energía creativa.

El sentimiento es más fuerte que la imagen misma porque el sentimiento se produce a partir de las imágenes que vivimos y poseen la carga energética del sentimiento y de la imagen al mismo tiempo. Podemos imaginar lo que queremos vívidamente una y otra vez, pero si esta imagen no está acompañada de la emoción correspondiente a esa imagen, esa desconexión distorsionará el mensaje que mandamos al universo y terminaremos recibiendo lo que esperamos en lo más profundo de nuestro ser, seamos conscientes o no, porque activamos las conexiones neuronales correspondientes a nuestros pensamientos.

¿Cómo podemos identificar entonces un pensamiento inconsciente?

En el ámbito de las emociones para poder modificar estas creencias y patrones de pensamiento el primer paso es identificarlos, pero identificar un pensamiento que está en nuestro inconsciente requiere de un verdadero deseo de transformación y requiere de toda nuestra atención para poder traerlo a la consciencia.

Quienes tienen la oportunidad de hacer una terapia psicológica esto les ayudaría enormemente en el proceso de identificación, pero si no tienen esa posibilidad o prefieren trabajar de manera individual uno de los métodos para identificar estos pensamientos y creencias inconscientes es observando la naturaleza de los problemas.

Los tres aspectos creativos de la técnica de la Empatía Cuántica te darán la pauta para encontrar los pensamientos inconscientes, sólo tienes que convertirlos en pregunta de la siguiente forma:

1. ¿Cuál es el problema que se repite?
2. ¿Cuál es el sentimiento que te genera este problema y la razón?
3. ¿Cómo visualizas este problema en tu vida actual?

Si hay un problema en tu vida que tiende a repetirse cada cierto tiempo, como problemas en el amor, problemas económicos, problemas de salud, entonces estás frente a un pensamiento negativo inconsciente.

Si enfrentas problemas en tus relaciones amorosas, por ejemplo, y esto ha sido una constante en tu vida, debes identificar la sensación que te acompaña, si es un sentimiento de frustración, soledad, tristeza, etc. Una vez que reconoces la emoción, debes identificar la razón, la razón generalmente se identifica preguntándonos el porqué nos sentimos así. Por ejemplo, si el problema son las relaciones de pareja debes preguntarte qué piensas sobre el amor; este pensamiento puede ser que el amor es una ilusión, que nadie es lo suficientemente bueno para tí o que todos terminan engañándote o el amor es sinónimo de debilidad y por eso prefieres estar solo, etc. Cualquiera que sea la razón, una vez que la identifiques trata de recordar si ha sido algo recurrente, si has sentido la misma sensación en otros momentos de tu vida. Estas situaciones generalmente aparecen revestidas con disfraces que las hacen ver diferentes, pero en el fondo conservan la misma raíz del problema. Las parejas seguramente tendrán las mismas características de personalidad, por ejemplo, y esto responde a tu creencia negativa también.

La clave está en identificar y comparar el sentimiento que te genera el problema que enfrentas actualmente con las repeticiones a lo largo de tu vida porque esta emoción no cambia su naturaleza, su intensidad puede variar, pero siempre será la misma emoción repetida a lo largo de tu vida.

Una vez que hayas identificado las repeticiones del problema, la razón se hará más y más evidente. La respuesta a la segunda pregunta sobre cuál es la emoción y la razón de esa emoción, generalmente representa la creencia negativa que tienes sobre tí y sobre ese aspecto de tu vida, sea amor, dinero, profesión, salud, etc. Luego cuando hayas contestado las tres preguntas, puedes traducir la razón en una nueva creencia positiva.

Por ejemplo: Has identificado que tu problema es en el área del dinero, siempre has tenido problemas de dinero, aunque trabajas muy duro para conseguirlo y eso te genera un sentimiento de frustración, la razón es que sientes frustración porque ves como otros que no se esfuerzan tanto como tú lo alcanzan fácilmente y eso te parece injusto. Identificas las veces que te has sentido así a lo largo de tu vida y logras identificar la primera experiencia con el dinero y cómo te sentiste. Recuerdas que en esa primera experiencia trabajaste mucho y te dieron muy poco, te sentiste engañado y eso te generó frustración y desarrollaste desde entonces la creencia de que no eres merecedor de ese dinero y que por más que trabajaras siempre recibirías muy poco o serías engañado. En este momento creas la nueva creencia positiva algo como:

Yo merezco lo mejor; yo produzco mucho dinero con poco esfuerzo y con gran facilidad; la gente valora mi trabajo y me remuneran espléndidamente.

Otra forma de identificar los pensamientos inconscientes es hacer una lista de todos los aspectos de tu vida como amor, salud, dinero, profesión, etc. Escribe lo que piensas de cada uno, agrega frases que recuerdes haber escuchado sobre cada aspecto, como frases familiares que hayas escuchado de algún miembro, como tu padre, tu madre, tíos o frases que tú mismo utilices, aunque sean chistes familiares o sociales; esto te dará una idea de la concepción que tienes sobre estos aspectos de tu vida, que será el punto de partida para crear tu lista de opuestos positivos que vas a reprogramar.

Ejercicio de perdón antes de la reprogramación

Una vez que identifiques la creencia negativa inconsciente es importante realizar un proceso de perdón. Perdónate a tí mismo por creer eso sobre tí, por creer que ésa era la única forma de asumir esa situación y por creer que debes estar así como estás. Toma un tiempo a solas y dilo en voz alta si puedes frente a un espejo (esto también trabajará la empatía a través del espejo).

"Me perdono por haber estado triste (enfermo, desempleado...etc, cualquiera que sea la situación); me perdono por creer que esa era la única forma de enfrentar esa situación". Respira profundo y luego di: "Yo me perdono a mí mismo por creer que la manera como son las cosas ahora es la manera como deberían estar siempre. Continúa respirando y di: Me perdono a mí mismo por creer que nadie era lo suficientemente bueno para mí........y por haber ocasionado mi propio sufrimiento......(personaliza el perdón a la situación y aplica los tres aspectos, lo repites, lo visualizas y lo sientes).

La Reprogramación

Después de perdonar todos los aspectos que puedas identificar comienzas la reprogramación. Esta reprogramación comienza con la creación de las afirmaciones positivas que quieres incorporar en la nueva programación para después aplicar los tres aspectos de la técnica de la Empatía Cuántica: repites la afirmación, la visualizas y la sientes.

Hasta ahora nuestra vida ha sido el resultado en su gran mayoría de nuestros pensamientos inconscientes y hemos llegado a donde estamos gracias a él. Por eso es importante reconocer su importancia incluyendo como parte inicial de nuestro proceso de preparación la siguiente afirmación:

"Te doy gracias mente inconsciente por haberme permitido llegar hasta donde estoy ahora. Yo te acepto profunda y completamente como parte de mí y ya que has hecho un gran trabajo, de hoy en adelante trabajaremos juntos en la consecución de nuestra éxito y felicidad".

Después de esta reconciliación con nuestra mente inconsciente podemos comenzar a trabajar las afirmaciones positivas.

En el caso de un problema frecuente en el área del amor la reprogramación debe corresponder al opuesto positivo con afirmaciones como:

"Me permito sentirme amado y feliz. De ahora en adelante entiendo y acepto que merezco amar y ser amado…Yo experimento de ahora en adelante la alegría del amor…en lugar del rechazo yo escojo ser amado"

Siempre respira profundo y continúa con frases específicas con las afirmaciones positivas que has creado.

Si la incertidumbre y la falta de estabilidad económica han sido el problema y te ha generado un sentimiento de tristeza porque has desarrollado la creencia de que no puedes controlar tus circunstancias y que no eres capaz de valerte por tí mismo, podrías trabajar la afirmación opuesta repitiendo algo como:

"Me siento tranquilo cada vez que experimento una situación de incertidumbre porque comprendo que en la incertidumbre yace un mundo de posibilidades infinitas de transformación y cambios positivos. Yo hago uso de mi derecho natural de ser prospero y estable… De ahora en adelante la estabilidad económica hace parte de mi vida. Yo soy autosuficiente y proveo mi vida de abundancia en todas sus áreas".

Después de que has hecho tu propia lista de afirmaciones. Comienzas a practicar los tres aspectos correspondientes a la técnica de la Empatía Cuántica: lo repites, lo visualizas y lo sientes.

Si trabajas la afirmación opuesta a la creencia negativa diciendo, por ejemplo: *"Me siento profundamente feliz"*, debes esforzarte por sentir esa felicidad para que el cerebro responda con la química de la felicidad. Si te cuesta trabajo sentir la emoción opuesta, puedes recurrir a recuerdos de algo que te haya producido felicidad o el sentimiento que quieres evocar. Al repetir esto una y otra vez nos impregnamos de esa energía y nuestros patrones de pensamiento y sentimiento comienzan a cambiar. No te preocupes si el sentimiento no es muy fuerte las primeras veces; éste se irá avivando con la práctica y la repetición. Así es como ocurre la reprogramación y ésta sucede a nivel físico, emocional y espiritual.

Un aspecto muy importante en la reprogramación es la respiración. Después de cada frase debes respirar para llevar esa energía, esa vibración hacia tu interior. El pensamiento es literalmente energía e información. Cada vez que respiramos, el oxígeno que tomamos entra a nuestro torrente sanguíneo y facilita la distribución de esta química, de esta nueva frecuencia en nuestras células. Cada respiración imprime la nueva programación a nivel físico. Mientras que a nivel espiritual cuando respiramos, estamos inhalando partículas energéticas que contienen la memoria de nuestra experiencia presente, incluyendo la energía de las palabras que afirmamos. Es como si tomáramos una fotografía de nuestra experiencia con cada inhalación y esta impresión registra todo a nuestro alrededor, aunque no nos percatemos con nuestros sentidos, al igual que el fotógrafo no se percata de todo cuando toma la foto, pero todo queda capturado en ella, para luego utilizarla como material en la evolución de la consciencia.

El momento de la reprogramación

1. El Momento de recibir.

Cuando recibes algo que quieres o cuando experimentas un momento de felicidad, de éxito, de bienestar o de amor, ése es el mejor momento para crear más de eso que experimentas. Cuando experimentas cualquier emoción positiva, cuando recibes dinero, cuando recibes amor, cuando te llega una bendición, cuando te sientes saludable o te sientes bien por haber logrado algo; ése es el mejor momento para crear más porque la conexión está hecha, está puesta de manera armónica, tienes la imagen, la información y el sentimiento al mismo tiempo; ése momento es mágico porque puede ser multiplicado tan solo con la frase:

"Gracias, más por favor".

Y además puedes aprovechar este momento para crear una nueva programación diciendo:

"Esta es mi nueva forma de vida".

De esta forma le estás comunicando a tu mente subconsciente y al universo que quieres más de ese mismo tipo de energía, más de esa misma frecuencia; estás programándote para recibir más de eso que te acaban de dar; estás creando la vida que quieres.

Ese momento de recibir es único y perfecto para crear porque estás siendo preciso en lo que pides y a diferencia del proceso creativo con las afirmaciones donde debes evocar la emoción y la visualización, los momentos en que recibimos algo que queremos poseen la energía y la información exacta para comunicarle más claramente al universo lo que queremos manifestar en nuestra vida. Tus neuronas se encenderán nuevamente generando empatía con esa energía, así se manifestará en tu vida una y otra vez.

2. El momento de la no resistencia.

Aunque cualquier momento es una buena oportunidad para crear repitiendo, visualizando y sintiendo en positivo, se ha descubierto que esta reprogramación llega más fácil a la mente subconsciente cuando estás en estado de relajación, en estado meditativo o de concentración; éste es el mejor momento para liberar estas afirmaciones, para recrear las imágenes y evocar el sentimiento porque en estado de relajación no hay resistencia; en el estado de relajación fluyes más fácilmente y la nueva programación pasa directamente al subconsciente sin los filtros del yo consciente. Una vez en el subconsciente, se irán arraigando cada vez más a través de la repetición, hasta que con el tiempo pasen a formar parte de nuestro pensamiento automático del inconsciente. Entonces el núcleo de las células de nuestro cuerpo se irá trasformando.

Tal vez has escuchado hablar del inconsciente colectivo de Jung. Esta teoría psicológica plantea que así como tenemos un inconsciente individual, varios inconscientes individuales pueden conformar uno colectivo. Es decir que también existen creencias sociales o culturales inconscientes, las cuales compartimos. En el núcleo familiar, por ejemplo, se comparten estas creencias inconscientes y se convierten en un inconsciente colectivo familiar. Al igual que un país puede tener una creencia colectiva inconsciente de que es el país de la libertad y donde todo es posible, al final la creencia familiar, la social o la cultural terminan siendo como creemos.

Esta división de la mente entre consciente, subconsciente e inconsciente es su forma de manifestación en el mundo físico. Así como el tiempo y el espacio es la forma en que experimentamos la realidad fragmentada, así mismo la mente se divide en tres estados para que experimentemos nuestros pensamientos y emociones fragmentadamente. Se imaginan cómo sería experimentar todos los pensamientos al mismo tiempo, o todas las emociones al mismo tiempo. Aún no estamos preparados para esa experiencia.

Estamos asistiendo a una escuela de vida donde se nos enseña a crear por nosotros mismos; a medida que vamos avanzando en nuestro aprendizaje, nuestra consciencia se irá expandiendo y la manera como experimentamos la realidad también se irá expandiendo. Cuando conocemos un nuevo aspecto sobre la realidad que observamos, lo incorporamos en nuestro esquema de pensamiento y pasa a formar parte de las conexiones automáticas que realizamos para interpretar la realidad que observamos y la que proyectamos.

Capítulo VIII
Reflejando Nuestra Salud

LAS ENFERMEDADES SE PRODUCEN PRIMERO al nivel espiritual, emocional; después a nivel energético y luego pasan al nivel físico. Generalmente cuando una enfermedad se manifiesta en el nivel físico es porque ha permanecido mucho tiempo en los otros dos niveles. Una emoción negativa genera un bloqueo energético y éste produce una enfermedad porque rompe con el flujo natural de la existencia. Esta energía, que debería fluir armoniosamente, se aloja en una determinada parte de nuestro cuerpo como signo de que no hemos podido digerir correctamente esa emoción, y al quedarse bloqueada, termina manifestándose al nivel físico en forma de dolor y enfermedad.

Nuestro cuerpo físico es un sistema maravilloso; posee todo lo que necesitamos y funciona de manera perfecta. Cuando una enfermedad aparece y un órgano o parte de nuestro cuerpo está funcionando mal, lo que el cuerpo está comunicando es que nosotros estamos actuando mal. Identificando cuál es la función que cumple el órgano afectado en nuestro cuerpo, encontraremos la causa de la enfermedad y si cambiamos de actitud, la enfermedad sanará.

Personas con problemas de cálculos en los riñones, por ejemplo, pueden estar manifestando el resultado de la aprehensión, del miedo a dejar ir algo o alguien y por tanto retienen lo que no necesitan más y terminan creando así los cálculos.

Las personas que sufren de cáncer, por ejemplo, generalmente están manifestando el resultado de la falta de perdón, un odio o rechazo profundo hacia alguien y esa emoción se traslada a las células que deciden seguir el ejemplo y rechazar a otras células y trabajar aisladamente, desordenadamente, rompiendo con la armonía del sistema celular.

Nuestro cuerpo corresponde empáticamente a nuestras emociones y pensamientos; somos los jefes del sistema y las células y nuestros órganos responden como espejo, reflejando los mismos patrones de comportamiento que nosotros adoptamos; por eso la mejor medicina es cambiar de actitud, cambiar nuestros pensamientos y nuestras emociones.

En la actualidad se habla mucho de los antioxidantes; se ha descubierto que la oxidación es la causa física de muchas de las enfermedades y por eso ahora todo tiene antioxidantes.

Quiero plantear que si la causa de las enfermedades proviene del mundo espiritual, podemos también tomar antioxidantes espirituales. Estos antioxidantes espirituales desarrollan nuestra capacidad de ser empáticos más fácilmente con otros y con lo que deseamos.

Algunos antioxidantes espirituales son:

» La toma de consciencia.

» La práctica del perdón.

» El acto de dar gracias.

» La práctica de la meditación.

» La práctica de la visualización.

» La práctica de la concentración.

» Permanecer en estado de gracia.

La toma de consciencia nos mantiene activos, es la hormona del crecimiento espiritual, es lo que nos mantiene jóvenes. Esta, combinada a un buen régimen de ejercicio físico, nos mantendrá sanos y activos por dentro y por fuera.

La práctica del perdón es el antioxidante por excelencia, ya que remueve las toxinas del rencor, el odio y el deseo de venganza.

El acto de dar gracias nos brinda más de lo que queremos, son las vitaminas espirituales.

La práctica de la meditación nos ayuda a descubrir nuestro verdadero yo, es lo que nos mantiene en equilibrio.

La práctica de la visualización es la que nos permite visualizar nuestra salud, proyectar nuestro desempeño.

La práctica de la concentración desarrolla y agudiza nuestros sentidos, nuestra consciencia y nuestra atención, para identificar nuestras actitudes; es nuestro mecanismo de defensa espiritual. Dedicar un tiempo diariamente a concentrarse en un objeto pequeño o en la llama de una vela por ejemplo, desarrolla nuestra capacidad de atención y despierta la consciencia cuántica, porque llegamos incluso a sentir como sienten los objetos que observamos.

Mantenernos en estado de gracia es lo que mantiene nuestra conexión con la fuente universal, es nuestra fuente ilimitada de energía vital, es nuestro alimento espiritual.

Llamo estado de gracia a la experiencia de estar conectados con la fuente de la creación, con esa fuerza supra consciente y sentirnos parte de ella. Esta sensación es como una ebullición interna, un estado de cosquilleo en nuestro interior, una sensación de plenitud y dicha continua. No importa cómo lo llamemos: la fuente, la divinidad, gracia, es la experiencia de sentir la conexión con nuestra naturaleza divina.

Cuando una mujer se encuentra en embarazo se dice que está en estado de gracia porque ha tenido la capacidad de crear y es una realidad palpable. La mujer está dando vida en su interior y como podemos observar el proceso con nuestra mirada física, nos maravillamos ante esa creación.

Sin embargo, este mismo estado de gracia lo podemos experimentar de muchas formas, hombres y mujeres, porque hace parte de nuestra naturaleza divina somos co-creadores; simplemente manifestamos nuestra creación de maneras diferentes. Creamos negocios, creamos familias, inventamos objetos, remedios y también nuestra propia enfermedad.

Para poder experimentar el estado de gracia debemos ser capaces de reconocer nuestro poder, nuestra capacidad de crear lo que queremos. En el estado de gracia no hay imposibles, sólo existe un mundo de posibilidades infinitas y de disfrute absoluto.

Capítulo IX

El Vacío como Espacio Potencial de Creación

AHORA QUE COMPRENDEMOS UN POCO más cómo funciona el universo pensemos nuevamente en esos pequeños vacíos que se encuentran en el átomo, esa parte que no existe, que es indeterminada e imaginemos que la llenamos con nuestros pensamientos, con nuestras imágenes de lo que queremos. Puede ocurrir una fusión entre dos mundos, entre mi mundo mental y el mundo físico. Es cuando ocurre la alquimia del pensamiento en que convertimos el vacío en forma, las posibilidades en hechos. Por fantasioso que suene es una realidad que siempre existió, ha existido y seguirá existiendo.

Recuerdo cuando era niña tendría alrededor de 12 años cuando tuve una conversación con mi madre y yo le preguntaba: "Mamá ¿quién creo a Dios?" Ella contestó. "Nadie". Yo insistí. Si nadie lo creó, ¿cómo es que existe? Ella terminó por decir que siempre ha existido. Entonces yo dije: "Eso quiere decir que la NADA NO EXISTE".

Hoy recuerdo esa profunda conversación y sigo pensando lo mismo, LA NADA NO EXISTE o por lo menos no de la manera como se ha definido. Creo que el concepto de NADA ha sido una invención del ser humano en su afán de nombrar la ausencia de algo, pero si Dios está en todo y siempre ha existido, sigue existiendo y existirá no puede haber ausencia.

Por ahora se habla de posibilidades. La ciencia para poder estudiar el todo, lo dividió en partes y al estudiar sus partes hasta llegar a la más pequeña, llamada quantum, descubrió que allí en medio de las partículas había un vacío, una tendencia, una posibilidad que no ha sido determinada.

Los budistas hablan del vacío con una perspectiva interesante, dicen que todo lo que vemos es vacío y afirman que si pones 10 botellas vacías una junto a la otra, no importa el tamaño de la botella, si las rompes, el vacío terminará siendo el mismo. El vacío es el mismo porque la botella es sólo una forma en medio del vacío.

Entonces podríamos asociar el vacío al que se refieren los budistas desde hace milenios con el vacío del que habla la física cuántica en la actualidad. Cada uno, desde aproximaciones diferentes, afirma que al final todos estamos compuestos de vacío, es decir de la última instancia de la materia que nos compone a todos y a todo. Si pensamos en el mismo vacío que queda después de quebrar las botellas podríamos decir que hay átomos en movimiento, hay redes de energía que nos unen con todo lo que nos rodea y que no existe tal separación, simplemente no podemos ver esas redes con nuestro ojo humano, pero al final todo termina siendo vacío cuando lo vemos desde su origen más profundo a través de un microscopio.

Una forma de explicar esta paradoja del vacío es a través de un simple experimento de ciencia en el que se ponen la gama de colores primarios en un círculo y se hace girar rápidamente; al hacerlo girar los colores desaparecen y vemos el color blanco. Este experimento explica que el color que vemos no es más que la ausencia de ese color; cuando vemos el azul, estamos viendo la ausencia de azul, el rojo es la ausencia de rojo y al mirar el blanco estamos viendo todos los colores. Esto podría traducirse a los objetos; cuando vemos la forma, estamos viendo la ausencia de esa forma; a la inversa sería estamos viendo el todo, excepto esa forma y desde esta perspectiva hay una consciencia de vacío.

Comprender este fenómeno del vacío nos llevará a entender también la ley del dar. La ley del dar que Deepak Chopra explica de manera magistral en su libro *"Las siete leyes del éxito"*, dice que si queremos recibir algo en nuestras vidas, cualquiera que esto sea, la mejor manera de conseguirlo es dándolo, es ayudando a otros a que consigan eso mismo que queremos conseguir. El acto de dar implica ceder algo de nosotros y al hacerlo quedara un vacío, un espacio de posibilidades para que otro nos dé. Pero si permanecemos llenos, no damos lugar al recibir; es el ciclo natural de la vida es un dar y recibir constante, es una correspondencia.

Comprendemos entonces que en el vacío yace inteligentemente la posibilidad de creación, la posibilidad de recibir algo nuevo, la posibilidad de ser. Si no existiera el vacío, todo estaría determinado; no habría lugar para contener algo más; estaríamos llenos, completos, definidos, no existiría evolución.

Si trasladamos esto al nivel del átomo podemos decir que ese átomo está dando de sí mismo, está abriéndose a las posibilidades de recibir; esos pequeños vacíos son espacios que la naturaleza deja abiertos para poder ser creada. ¿Estamos nosotros dispuestos a darle forma a ese átomo? Estamos dispuestos a reconocer y dar uso al poder que nos ha sido otorgado para moldear y convertir el vacío en la realidad que queremos.

¿Quieres ser un pesimista o un alquimista? Esto trasladado a la vida diaria quiere decir que si hacemos uso de nuestra intención para introducir los tres aspectos de la Empatía Cuántica: las imágenes, las afirmaciones y los sentimientos de lo que queremos en el vacío, podemos llegar a manifestar la vida que queremos, la pareja que queremos, la casa que queremos, la salud que queremos y todo lo que imaginemos, es cuestión de activar esas conexiones. Tu actividad neuronal conectará con ese vacío que comienza a vibrar de acuerdo con tus expectativas y en cualquier momento se manifestará frente a tí.

Hemos crecido creyendo que Dios es un ser supremo que se encuentra afuera de nosotros y que dicta todo lo que nos sucede bueno o malo. Algunos le llaman a esto destino. Hoy podemos decir que somos parte de Dios, creados a imagen y semejanza y que poseemos los mismos poderes de Dios, el mismo poder de creación y de manifestación. En la Biblia se menciona cuando el creador se dirige a Moisés diciendo si te preguntan cuál es mi nombre dirás que *"Yo soy el que yo soy"* y esto lo que quiere decir es que somos lo que decimos que somos. Recuerden que creamos con la palabra y al declarar *"Yo soy salud, yo soy prosperidad"*, en eso te convertirás. Este es el poder de la palabra *"yo soy"* y podemos usarlo para nuestro beneficio. De la misma forma cuando decimos yo no puedo, yo no tengo, en eso te convertirás.

Liberarnos de la falsa creencia de que Dios es una fuerza externa, separada de nosotros y que determina arbitrariamente lo que somos y lo que tenemos, al igual que la idea de que somos castigados, es uno de los pasos que necesitamos tomar hacia la liberación de la consciencia, porque es lo que nos permitirá descubrir nuestro maravilloso potencial creador.

Capítulo X
Trascendiendo el Tiempo y el Espacio

EL TIEMPO COMO MEDICIÓN LINEAL del pasado el presente y el futuro es sólo una manera de hacer que experimentemos nuestro entorno fragmentado y no todo al mismo tiempo como realmente es. El pasado, el presente y el futuro son uno solo y el vacío que encontramos en los átomos es justamente la ausencia del tiempo, es el medio por el cual viajamos al pasado o al futuro porque hagamos lo que hagamos, creemos lo que creemos, al final, si miramos nuestra creación a través de un microscopio, siempre habrá vacío. Por eso, proyectando nuestras expectativas en el vacío, estaremos creando nuestro futuro.

Que el tiempo se detuviera implicaría unidad, sería todo al mismo tiempo y en un mismo momento y esto es lo que representa el vacío en los átomos; son una posibilidad infinita, somos nosotros quienes escogemos de entre esas posibilidades de repetir nuestras expectativas o de crear unas nuevas, de vivir en el pasado o crear otro futuro.

La teoría de la relatividad de Einstein plantea que la medición del tiempo es relativa al punto desde donde se observe.

Muchos hemos experimentado alguna vez la sensación de que el tiempo pasa "volando", como en un abrir y cerrar de ojos, cuando estamos realizando una actividad que nos genera disfrute. Parece que entre más disfrutamos lo que hacemos, más acortamos el tiempo porque el estado de felicidad y disfrute nos acerca más a nuestra naturaleza original, donde todo sucede al mismo tiempo, donde no hay principio ni fin, donde no hay separación, el tiempo lineal no existe. Por eso tiene sentido pensar que llenamos ese vacío (tiempo) más rápido cuando disfrutamos lo que hacemos porque encontramos una actividad que nos hace felices y nos brinda una razón para existir.

¿Qué sucede entonces cuando experimentamos algo doloroso, un duelo por ejemplo y los días se hacen eternos y parece que el tiempo no pasara, acaso no te acompaña una sensación de vacío?

Podemos entonces vivir en el pasado cuando recreamos las imágenes y sentimientos que hemos vivido; podemos vivir en el futuro cuando dedicamos nuestros días solo y nada más que a pensar en cómo queremos estar o podemos vivir en el presente disfrutando lo que hacemos mientras visualizamos nuestro futuro y actuamos en consecuencia. El tiempo es relativo a la experiencia humana. Vivir el aquí y él ahora nos brindara felicidad porque es donde confluyen el pasado y el futuro.

La teoría del tiempo de Einstein también sostiene que el tiempo transcurre más lentamente en una nave espacial que viaje a una velocidad cercana a la de la luz, en comparación con el tiempo percibido por una persona que permaneciera inmóvil. Esta teoría fue comprobada en julio de 1977. Se colocaron relojes atómicos sumamente exactos a bordo de un satélite estadounidense que luego fue puesto en órbita. A su regreso se compararon los relojes con uno similar en el Laboratorio de Investigaciones Navales en Washington, D.C. De esta forma se corroboró que los relojes del satélite se habían retrasado un poco; por lo tanto, el tiempo había transcurrido más lentamente a bordo del satélite.

Einstein afirmó que la velocidad de la luz es la única constante física del universo y que para los que nos movemos a velocidades mucho más bajas, el tiempo será relativo al espacio en que se mida y al observador. Lo que Einstein no sabía es que nuestra naturaleza es luminosa, somos espíritus de luz en un cuerpo físico. Esto demuestra la posibilidad que tenemos de trascender el tiempo y el espacio porque somos la única constante, somos el mismo espíritu viviendo en diferentes tiempos o vidas.

Esto, trasladado a nuestra finalidad de generar empatía, plantea la posibilidad de que las conexiones neuronales ocurran a velocidades cercanas a la velocidad de la luz y por lo tanto las conexiones pueden ocurrir más rápido comparado con las velocidades a las que nos movemos los seres humanos, y esto puede dar explicación al porqué muchos tienen la capacidad de predecir lo que va a suceder.

Como en la mente el tiempo y el espacio no existen y el pasado, el presente y el futuro los podemos experimentar aquí y ahora, podemos utilizar la empatía progresiva para conectar en el presente con las imágenes que queremos ver en nuestro futuro, proyectando las imágenes de lo que queremos aquí y ahora, pero estas aparecerán en el futuro.

La física cuántica, por su parte, planteó la ley de la superposición; esta ley dice que dos sitios pueden estar superpuestos, pueden coexistir y estar al mismo tiempo en el mismo lugar, al igual que un mismo objeto puede estar en varios lugares diferentes al mismo tiempo. También esta ley afirma que nuestra intención es lo que determina la conexión entre los dos sitios y lo que hace posible que el objeto esté en varias partes al mismo tiempo.

Esta es una nueva concepción del mundo que nos cuesta trabajo entender, porque es un nuevo paradigma contrario a lo que hemos creído por centurias. Pero debemos comenzar a incorporarlo a nuestro esquema mental para liberarnos de varias limitaciones que solo están en nuestro viejo esquema de pensamiento.

Cuando dos personas se encuentran conectadas telepáticamente, sus mentes se convierten en una sola y están en un mismo espacio al mismo tiempo, por eso a veces experimentamos cosas como estar cantando la misma canción de repente sin ninguna razón externa o podemos tener los mismos pensamientos e ideas al mismo tiempo sin siquiera hablar con el otro; aquí hay una conexión de dos mentes que aunque "distantes", se encuentran ocupando el mismo espacio al mismo tiempo.

Incluso hoy en día expertos aseguran que el futuro puede influir en el presente tanto como el pasado, planteando mundos o tiempos paralelos y no lineales y esto corresponde perfectamente con la empatía, cuando lo que vemos y lo que imaginamos se traducen de manera idéntica en nuestro cerebro.

Las cosas pueden estar conectadas a pesar de estar lejos la una de la otra; el ejemplo más sencillo de esto lo tenemos en la realidad de la Internet, donde podemos estar viendo la misma imagen en diferentes lugares del mundo. Cuando tenemos una video conferencia estamos viendo a alguien que se encuentra en otro país muy lejos y la tenemos frente a nosotros en la computadora. Podrás decir que es solo una imagen, pero lo que nos da la sensación de separación no es más que nuestra percepción de los planos; si te detienes a pensarlo, la imagen que ves es en la pantalla es la imagen que verías si estuvieras ahí físicamente, con la diferencia que tus ojos interpretarían la información que ven y no un lente de una cámara, pero la herramienta que utilicemos no cambia la realidad.

De aquí la importancia de la repetición de las afirmaciones, la visualización y la emoción que radica en que entre más repitamos los tres aspectos de la técnica, más aumentará la velocidad de las neuronas en realizar las conexiones y el recorrido neuronal y entre mayor velocidad, más capacidad tendremos de trascender el tiempo y el espacio, así podemos estar creando en el futuro.

La experiencia del déjà vu, por ejemplo, que es cuando experimentamos la sensación de ya haber vivido un determinado momento, como si lo estuviéramos repitiendo, es un fenómeno interesante porque plantea que existe un repaso de las experiencias como si hubiésemos estado en el futuro o en el pasado y las estuviéramos viendo ahora en el presente.

Escuchaba el otro día la experiencia de una amiga que se encontraba en una situación verdaderamente angustiante y a través de la meditación pidió ayuda a sus ángeles para que le ayudaran a solucionarla. Ella visualizó unas mariposas eso fue todo lo que vio y comenzó a pensar qué querían decir esas mariposas. Al día siguiente tuvo que presentarse en una oficina para solucionar su problema y quedaría sorprendida al ver que en esa oficina exactamente donde ella estaba sentada había un cuadro de mariposas. Entonces ella comprendió que estaba en el lugar correcto y todo se resolvió finalmente. Ella nunca había estado en ese lugar, no podía saber que las mariposas estarían ahí. Pero podríamos decir que ella tuvo una visión del futuro o podríamos decir que pudo experimentar ese lugar antes de estar ahí, como si hubiera viajado a través del espacio y el tiempo y hubiese logrado estar en dos lugares al mismo tiempo.

El mundo que vemos es sólo nuestra interpretación porque depende de los mecanismos con que observamos la realidad, sean estos materiales o espirituales; hay una diferencia entre la realidad y nuestra percepción de la realidad.

Si pudiéramos ver el cuerpo humano bajo un microscopio al nivel atómico veríamos que el cuerpo humano es vacío, no somos más que espacio vacío en el que se encuentran algunas partículas girando alrededor.

Un pensamiento, por su parte, es un fenómeno cuántico; un quantum es la unidad indivisible más pequeña en que se emiten o absorben las formas de información y energía. Es la partícula subatómica básica que mantiene unido al universo. Es invisible, impredecible, es sólo una posibilidad.

Un pensamiento es energía e información. Si pienso que quiero caminar, ese pensamiento lleva información al cerebro y lleva energía que produce el movimiento; si no llevara energía, la acción de caminar no se produciría.

Cuando pensamos, experimentamos la información y la energía a través de la mente y a través del cuerpo. Nuestros sentidos son los que convierten la energía en formas, colores, sabores y olores. Asociamos estas formas, olores y sabores con nuestro entorno y la experimentamos tanto en la mente y como en el cuerpo, pero se trata de lo mismo sólo que en diferentes planos.

Entonces el poder del pensamiento no es simplemente una filosofía, ni una creencia de las corrientes orientales espirituales, es ahora un hecho científico. Para aquellos que dudaban de su poder estos nuevos descubrimientos pueden brindar elementos reconciliadores para su consciencia.

Siempre he creído en el poder del pensamiento y la visualización. Tuve la fortuna de nacer en una familia donde siempre se cultivó lo espiritual; mi madre siempre decía que uno podía lograr lo que se proponía y cuando algo no se podía hacer ella estaba ahí para demostrar que sí y lograba lo que otros decían no se podía lograr. Crecer en un ambiente como éste ha sido sin duda una bendición para mí. Creo también que no es fortuito haber nacido en esta familia que, por el contrario, tenía la energía y condiciones que necesitaba para seguir aprendiendo y evolucionando.

Desde muy pequeña recuerdo haber tenido experiencias extrasensoriales. Solía tener sueños y éstos convertirse en realidad. También sentía las emociones de la gente, podía decir cosas sobre la vida de la gente con sólo mirarlos y tenía una forma de ver la vida que no era propia de mi edad. Continúe mi crecimiento espiritual asistiendo a grupos, seminarios y leyendo sobre estos temas.

Un día tuve que experimentar la muerte de una hermana a sus 32 años de edad. Ella murió de una manera trágica e inesperada y ese día perdí mi conexión con la fuente; me enojé con el mundo, no podía aceptarlo, fue demasiado duro para mí aceptar que cosas malas le pasara a gente buena. Mi sistema de creencias se vino al suelo, ya nada tenía sentido como antes. Aunque creía en la rencarnación y tenía algunos conocimientos sobre la ley del karma, simplemente me parecía inaceptable.

Unos años antes de su muerte mi madre llevó a un trabajador espiritual a la casa. El realizaba regresiones y mi madre decidió que sería una experiencia interesante para todos. Mi hermana tuvo su regresión y yo la presencié. Recuerdo que ella narraba que en otra vida había matado al que era su pareja actual. Ella decía estar escondida y que la estaban buscando.

Años después mi hermana es asesinada por su novio y después de unos días vino a nuestro recuerdo esta experiencia de la regresión. Hoy pienso que fue su elección de vida y que ella debía cancelar ese karma; no sé si esa era la única forma posible o si esa fue la que ella escogió. De cualquier manera yo hice mi proceso de perdón, aceptando que ésa había sido su elección de vida y aunque nos causara dolor, también nos trajo muchos aprendizajes positivos.

Tres días después de su muerte yo me encontraba leyendo *"Un Curso de Milagros"*. El libro había llegado a mí como por arte de magia, en el momento justo. Una amiga me había llevado a comprar unas esencias de florales. Yo había escuchado sobre el libro hacía mucho tiempo y alguna vez pensé en que me gustaría leerlo. Yo me encontraba en Estados Unidos y la tienda a la que entramos era una pequeña tienda esotérica que tenía entre otras cosas una pequeña sección de libros, todos en inglés. En ese entonces mi inglés era muy malo; decidí dar un vistazo para ver que encontraba y me sorprendió encontrar una pequeña sección en español, si es que se le puede llamar sección, eran sólo seis libros en español, entre los cuales se encontraba *"Un Curso de Milagros"*. Cuando lo ví, sentí que era un regalo del universo, era una sensación de recogimiento. El libro me había encontrado a mí. La amiga que me acompañaba, al observarme interesada me dijo: ¿Lo quieres?, te lo regalo. Pero para mí ella era el vehículo que el universo estaba utilizando; tenía claro que el regalo me había sido dado por una instancia superior.

Regresé a la casa y en la noche comencé a leer el libro, me imbuí de tal manera en sus palabras, sobre todo porque hablaba de que la separación no existe y ésa era la causa de mi dolor. Me encontraba sentada y de repente sentí una mano sujetando mi brazo con fuerza, invitándome a levantarme de la silla y a acostarme para dormir. Yo no sentí miedo en ningún momento, pero sí estaba asombrada de cómo eso podía estar pasando; yo había experimentado espíritus visualmente, pero nunca me habían tocado y mucho menos con tal fuerza. Yo me levanté de la silla y me acosté en la cama. Cuando cerré los ojos vi a mi hermana con un vestido blanco; ella comenzó a hablarme y me decía: "Diles que estoy bien; mírame, yo estoy bien". Soñé con ella toda la noche, ella bailaba y danzaba con su vestido blanco.

Al día siguiente, como algo extremadamente inusual, me desperté alrededor de las cinco de la mañana; al parecer mi hermana seguía conmigo y me dijo que mirara a través de la ventana y cuando miré vi un hermoso amanecer. Esa fue su despedida.

Después de un tiempo logré reconciliar mis ideas y resignificar esa experiencia, para dejar de verla como una tragedia y poder acogerla como un valioso aprendizaje de que cada quien escoge su propio camino y que aunque el punto de partida nos puede marcar ciertas tendencias y patrones de comportamiento, siempre tendremos la capacidad de rencontrarnos y de transformarnos, liberándonos de las limitaciones del pasado para alcanzar nuestra autorrealización.

Todas estas experiencias me han permitido expandir mi consciencia y los nuevos adelantos de la ciencia me han brindado otras formas de conectar y explicar el mundo para ayudar a otros a entender lo que aún no han podido experimentar por sí mismos.

Cada uno de nosotros podemos ir despertando nuestra consciencia desde nuestra historia. Si aprendemos a leer los mensajes del universo y abrimos nuestros sentidos a estas experiencias espirituales, iremos encontrando cada vez más y más conexiones. Aparecerán respuestas como por arte de magia y encontraremos sentido en cada experiencia por efímera o negativa que parezca. Todo es una danza armoniosa en la que participamos consciente o inconscientemente.

Cuando hay una necesidad en nuestra vida, hay un aprendizaje de fondo. La obscuridad no es más que la falta de luz. Necesitamos despertar y esto significa dejar de vivir en un sueño en un mundo de sombras, donde domina la inconsciencia.

Los psicólogos calculan que podemos tener alrededor de 60 mil pensamientos al día y si tenemos en cuenta que lo que pensamos y sentimos hoy es el remanente de los pensamientos y sentimientos de ayer, podemos explicar por qué nuestra vida es como es.

Por eso el perdonar es supremamente importante en el proceso de sanación de cualquier padecimiento, sea físico o emocional, porque el perdón facilita la limpieza de nuestro sistema de nuestro patrón de pensamientos y sentimientos; es la limpieza de recuerdos de nuestra memoria celular.

Es como cuando reiniciamos una computadora y todos los programas que estaban funcionando se cierran, pero antes de reiniciar aparece un mensaje que dice: "*¿Está seguro de que quiere cerrar este programa? Toda la información que no haya grabado se perderá.* Sí, por favor ciérrelo, bórrelo por completo de mi vida. Eso deberíamos contestar si realmente queremos sanar.

De igual forma, cuando decidimos perdonar estamos diciendo a nuestro cuerpo y mente borra todo la carga emocional de odio, coraje, autodestrucción que hayas construido alrededor de este asunto o persona y comienza de nuevo. Lo que intentamos borrar en realidad no es el recuerdo de la experiencia si no la carga energética y emocional que hemos puesto a esas experiencias. Esta carga emocional y energética es como una cadena pesada que nos une a esa persona a la que no hemos querido perdonar. Cuando no perdonamos, en realidad estamos atándonos aún más a esa persona con una cadena más firme que el acero.

Meditación del perdón

Existe una meditación que puedes hacer para trabajar el perdón. Relájate y piensa en todas aquellas personas que necesitas perdonar. Si no tienes a nadie en mente o crees que has perdonado, deja que tu mente te lo diga; las personas vendrán a tu mente por sí solas. Cuando no perdonamos a alguien, nos atamos a esa persona, como una correspondencia pues al no perdonarla quiere decir que no la dejamos ir.

Imagina que desatas las cadenas que te unen a ellos; notarás que unas personas te costarán más trabajo que otras, incluso veras personas que has creído haber perdonado hace mucho tiempo y descubrirás que todavía hay pequeños eslabones que te atan a ellos. También puedes expresar tus sentimientos hacia ellos; imagina que los tienes frente a tí; diles lo que sientes, expresa el sentimiento que has guardado por tanto tiempo, después perdónalos y desatas el cordón o la cadena que te une a ellos. Este desahogo puede ayudar al proceso. Este proceso de visualización tiene el mismo efecto que si los tuvieras frente a tí, incluso con personas que ya han desencarnado porque recuerda que la mente no diferencia entre lo que ve y lo que imaginas; si tú imaginas que ellos están frente a ti, ellos están frente a tí porque los has invocado, has llamado su energía.

Otro ejercicio que aprendí de un amigo hace mucho tiempo es visualizar a la persona con la que tienes conflictos frente a tí y decirle:

> *Tú eres tanto como yo y yo soy tanto como tú; en el*
> *espíritu de claridad y luz divina que es Dios, entre*
> *nosotros no hay malos entendidos ni rencores....*

Puedes continuar personalizándolo de acuerdo con la situación. He aplicado esta oración y visualización con muy buenos resultados y la he recomendado siempre.

Las experiencias y nuestros recuerdos nos permiten crecer y aprender, pero no podemos permitir que esos recuerdos nos utilicen. Los ayurvedas dicen: utiliza los recuerdos pero no permitas que los recuerdos te utilicen a ti porque te conviertes en víctima y dejas de ser el creador.

Los recuerdos, si los utilizamos correctamente, pueden servirnos para encontrar respuestas y crear nuevos escenarios y conductas que nos liberen de la repetición, nos permitan sanar y crear la vida que queremos.

En la psicología, las corrientes tradicionales del psicoanálisis se centran fundamentalmente en estudiar los recuerdos y las emociones que esos recuerdos han causado en nuestras vidas; esto, si bien en un principio es crucial en la toma de consciencia porque nos permite explicar el porqué de los traumas, las creencias y emociones de nuestro presente, termina dedicando, desde mi punto de vista, demasiado tiempo en el pasado, repasando las emociones en el presente, en el pasado y sus conexiones. Se invierte la mayoría del tiempo en expresar lo mal que uno se siente y en encontrar las experiencias que nos producen esa tristeza el enojo o cualquier emoción.

En el psicoanálisis, el terapeuta no puede mostrar su aspecto humano, argumentando la posibilidad de trasferencia o de terminar proyectando cosas en el paciente o el paciente en ellos como si no estuviéramos la suficientemente conectados y proyectados unos con otros desde lo más profundo de nuestro origen, en el que no existe separación. De hecho si el paciente llega donde el terapeuta porque de alguna manera vibran al unísono, llegan como resultado de un proceso de empatía.

Nuevas corrientes humanistas, como la psicología transpersonal, trabajan hacia el futuro con técnicas más dinámicas en las que se busca la autorrealización del ser humano; se exploran nuestros potenciales y no las patologías. Estos nuevos enfoques trabajan más armónicamente con la lógica del universo de la que venimos hablando. Esta corriente se concentra principalmente en crear nuevas imágenes, de lo que necesitamos para sentirnos mejor; se pregunta qué es lo que nos hace felices y no lo nos produce la tristeza, es decir trabaja en crear la realidad y sanación que queremos y no en recrear nuestro dolor, como si el comprenderlo fuera suficiente para sanarlo.

He conocido personas experimentando profunda tristeza asistiendo a terapias convencionales y narran exactamente esta experiencia de saber exactamente lo que les sucede y qué es lo que les genera la tristeza, pero no poder salir de ese círculo emocional. Si bien el mundo de las emociones es un mundo complejo que continuamos descubriendo y desarrollando una inteligencia para ello, podemos tratar nuestras emociones como energía, promoviendo su transformación. Pensar en los opuestos es un buen comienzo; es el principio de estas corrientes transpersonales, de las afirmaciones positivas, de la programación neurolingüística, de la ley de la atracción y ahora parte de nuestra actividad cerebral. Todas comparten el mismo principio: atraemos lo que pensamos, por consiguiente terminamos siendo lo que pensamos.

Cuando hablamos de los recuerdos, hablamos de nuestro pasado, pero pueden convertirse en nuestro presente y nuestro futuro. El cerebro no reconoce el tiempo ni el espacio, lo que ve está aquí y ahora, pero lo que imagina también.

Si imaginas que estás corriendo una carrera, tu pulso cardiaco aumentará; si imaginas que te encuentras en el mar disfrutando de la brisa y la naturaleza, tu ritmo cardiaco disminuirá. Un hombre puede tener una erección sólo con imaginar una mujer desnuda porque el cerebro reacciona como si lo que imaginara fuera real y de hecho lo es; ese pensamiento es energía e información.

Esto quiere decir que si imaginamos que estamos sanos, vitales, entusiastas, felices, el cerebro generará los químicos y substancias necesarias para que el cuerpo esté sano, dichoso y libre. Recordemos que entre más emoción (energía) pongamos en esas imágenes, el efecto será mayor.

Se calcula que en menos de un año uno renueva el 98 % de los átomos del cuerpo; esto quiere decir que tenemos una nueva piel cada mes, un nuevo esqueleto que se renueva cada tres meses y nuestro ADN cada seis semanas.

Nos renovamos a cada segundo de nuestra existencia. Nada más en nuestra respiración inhalamos y reciclamos hidrógeno, oxígeno, nitrógeno y muchos elementos que han sido reciclados de otro ser humano u otro ser vivo que ahora es parte de nosotros. Entonces, ¿por qué seguimos teniendo los mismos problemas? Porque seguimos teniendo las mismas conductas, los mismos pensamientos.

En Reiki, una terapia de sanación de origen japonés que canaliza energía del universo a través de las manos, decimos que las enfermedades son el producto de nuestras conductas y si la enfermedad persiste es porque la conducta persiste. Reiki puede sanar la enfermedad, pero ésta puede reaparecer si no modificamos la conducta que la causa.

Por eso digo que la medicina tradicional occidental trabaja poniendo atajos a las enfermedades, las distrae y en muchos casos cambia unas por otras, porque los medicamentos que tomas para esto, te genera esto otro y el problema radica en que trabajan en la mayoría de los casos con el objetivo de aliviar el síntoma y no la causa. Y aún en aquellos casos que buscan aliviar la causa, se limitan a las causas del nivel físico, desconociendo que las enfermedades tiene una raíz energética y emocional.

El condicionamiento a las mismas conductas, los mismos hábitos de alimentación, las mismas emociones y pensamientos y la misma creencia de que no podemos controlar lo que nos sucede, dejando todo en manos de una fuerza exterior, es lo que hace que sigamos repitiendo nuestra dramática existencia en cuerpo mente y espíritu.

En *"Un Curso de Milagros"* se habla de que creemos que tenemos muchos y diferentes problemas, pero que en realidad todos esos problemas yacen en uno solo: la creencia de que estamos separados de Dios. La creencia en la separación limita nuestro poder porque somos lo que pensamos que somos.

Crecimos creyendo que estamos separados de Dios y que Dios es una fuerza externa a nosotros, pero en realidad Dios está en nosotros y nosotros estamos en él; somos células de Dios y como células de Dios contenemos toda la información y capacidades de Dios.

Entonces cuando decimos la frase *"Polvo eres y en polvo te convertirás"*, literalmente lo somos aunque nos transformamos diariamente seguimos estando compuesto del mismo vacío, seguimos siendo vacío.

Cuando creemos que podemos crear lo que queremos, en realidad podemos. Querer es poder. Así mismo si crees que no puedes, no podrás y no hablo de un principio de fe, hablo de reflejar en el espejo del exterior lo que llevas al interior. Es un reflejo que ocurre por empatía.

Una nueva visión traída por el Dr. Kahneman, autor del libro *"Thinking Fast and Slow"* habla de cómo los seres humanos tenemos dos métodos de pensamiento los cuales llama sistema 1 y 2. El sistema 1 es rápido, automático y orientado al contexto, acepta como verdadero todo aquello que parece coherente desde nuestra perspectiva del mundo en un determinado momento. Esto quiere decir que cuando asumimos cosas como ciertas estamos usando el sistema de pensamiento 1. El sistema 2 es más pausado, deliberado y analítico. Cuando pensamos en los pros y los contras de una situación o cuando observamos diferentes perspectivas sobre un mismo asunto estamos pensando con el sistema 2. El autor menciona que el "problema" del sistema 2 es que es perezoso y no le gusta salir a hacer su trabajo y cuando lo hace literalmente toma demasiada energía para sostener este proceso de pensamiento; es una actividad que consume glucosa y envuelve nuestro cuerpo en su totalidad, por lo cual podemos sentirnos más cansados después de un día entero frente a la computadora trabajando, que después de escalar una montaña.

Pero ¿quién es el perezoso el sistema 2 o nosotros?

En el sistema 1 hacemos lo que el Dr. Kahneman llama "juicios de representación" cuando juzgamos a un sujeto o evento por las imágenes y lo que esas imágenes representan para nosotros (nuestros recuerdos), aunque la realidad sea diferente. Esto se podría comparar a lo que en psicología llamamos arquetipos, ese conjunto de ideas y representaciones que hacen parte de nuestro sistema de creencias y que utilizamos para relacionarnos con el mundo.

Estas ideas y representaciones que aparecen cuando pensamos con el sistema 1 hacen parte de nuestra mente inconsciente y como hemos crecido con la idea de que "más vale malo conocido que bueno por conocer", hemos adoptado este sistema de pensamiento como nuestro método predominante para relacionarlos y actuar en el mundo. Nuestra células responden a este sistema de pensamiento cuando algo nos genera temor en el presente, por un mal recuerdo en el pasado, automáticamente el cerebro manda una señal a la glándula pituitaria y ésta a su vez segrega las substancias químicas relacionadas con el miedo; éstas viajan por el torrente sanguíneo hacia las células que se encuentran esperando ansiosas por la substancia que ya conocen y la graban una y otra vez en cada célula de nuestro cuerpo.

Este sistema 1 manda mensajes que limitan y bloquean nuestra capacidad de crear, nos cierra las puertas de un mundo de posibilidades infinitas y nos condena a repetir nuestro pasado. Realizamos las mismas elecciones y todavía nos preguntamos: ¿Por qué siempre me topo con este tipo de personas en mi vida?, parece que me persiguen, cuando la realidad es que las estás atrayendo con tus pensamientos inconscientes.

El aprendizaje del habla en nuestra niñez es un buen ejemplo para entender nuestro mecanismo de pensamiento. Cuando estamos aprendiendo a hablar aprendemos fundamentalmente a través de la observación de imágenes, objetos y acontecimientos a los cuales vamos asignando palabras o nombres. Luego, con el tiempo, vamos resignificando esas imágenes y remplazándolas por imágenes más complejas y conceptos más elaborados.

De la misma forma, cuando enfrentamos situaciones y experimentamos sentimientos sea de amor, o desamor, de alegría o de tristeza, guardamos esa memoria como una representación y en el futuro, toda experiencia, personas o acontecimientos que se parezcan a ese recuerdo vamos a tender a interpretarlos y juzgarlos de la misma manera. A esto le podemos *llamar asociación automática espontánea* y constituye el trabajo de la mente inconsciente.

Cuando pensamos, realizamos una asociación automática espontánea entre lo nuevo y lo conocido, entre las experiencias del pasado y la nueva experiencia. Es en este proceso de asociación en el que el tiempo se convierte en un factor determinante.

Cuando pensamos ocurre algo interesante en lo que se refiere al tiempo. Nos conectamos con el pasado o con el futuro, con lo que conocemos o con lo que imaginamos puede llegar a ser y esto nos aleja del presente automáticamente. Es como una máquina del tiempo.

El acto de pensar nos traslada automáticamente a eventos o imágenes y sentimientos que hemos aprendido en el pasado o a imágenes de posibilidades en un futuro, pero el pensamiento nunca se centra en el presente porque el presente se renueva a cada segundo de la existencia y no necesita ser 're-presentado' porque está 'presente'. Si hacemos el ejercicio de observar, simplemente observar un objeto, estamos centrados en el presente; cada observación es remplazada por la siguiente y así sucesivamente seguimos en una observación progresiva centrada en el momento presente. Sin embargo, cuando comenzamos a analizar el mismo objeto, realizamos el acto de juzgar, comenzamos a asociar sentimientos personas o eventos pasados o futuros con ese objeto que estamos analizando y es cuando el acto de asociar y de juzgar nos aleja del presente.

Es por eso que la meditación es el arte de situarse en el presente porque la meditación es la ausencia de pensamientos, es la concentración en el vacío, en el eterno presente. Es lo opuesto a pensar.

Mediante la meditación logramos conectarnos con estados de consciencia más elevados que trascienden las barreras del tiempo y el espacio en un eterno presente donde hemos sido, somos y seguiremos siendo, es el principio y el fin.

La capacidad de pensar nos permite alcanzar dos propósitos fundamentales de nuestra existencia: ENTENDER NUESTRO PROPÓSITO EN LA VIDA y CONSTRUIRLO. El pensar nos permite conectar experiencias y sentimientos que nos llevarán a descubrir nuestro propósito.

Piensa por un momento en aquellas actividades que te hacen feliz, en aquellos momentos en que te has sentido realizando algo importante, con un sentimiento de disfrute o de regocijo al realizar esa actividad; traerás imágenes de experiencias pasadas que están asociadas a este tipo de sentimientos. Si piensas qué tipo de actividad fue y qué talento estabas expresando en ellas, podrás encontrar tu propósito de vida, que no es más que tu talento natural, actividad que disfrutas y con la cual eres notablemente feliz. Una vez que lo sabes, puedes construirlo en tu realidad.

Sin embargo, para experimentar y comprender QUIENES SOMOS VERDADERAMENTE necesitamos la meditación. Somos seres espirituales viviendo experiencias humanas y no tenemos referentes terrenales para poder asociar y descubrir nuestra verdadera esencia, pero el velo que cubre nuestra consciencia puede ser removido paulatinamente a través de la meditación, de la contemplación y del servicio a los demás. Cuando servimos a otros, nuestra experiencia cobra sentido y descubrimos que somos uno solo. Con la meditación podemos experimentar la unidad, el vacío y liberarnos de la fragmentación que es intrínseca del pensamiento.

Cuando juzgamos si algo es rápido o lento, si una experiencia es posible o imposible, si alguien es bueno o malo estamos separando y esta es una actividad del pensamiento que aprendemos desde niños. Estas separaciones nos dan un falso sentido de 'seguridad', tenemos la falsa creencia de que si podemos nombrar algo, lo podemos controlar porque al menos sabemos lo que es, es algo conocido o parecido a algo que conocemos y creemos que si podemos situarlo en una categoría que exista en nuestra esquema de representaciones, lo podremos controlar.

Cuando experimentamos situaciones y sentimientos completamente nuevos que no podemos comparar con experiencias pasadas o con aquello que conocemos, nos llegamos a sentir atemorizados, ansiosos y amenazados porque seguimos creyendo en la separación, creemos que lo desconocido está separado de nosotros, cuando no es más que el resultado de nuestros pensamientos y emociones.

Cuando nos encontramos en un tiempo de espera, por ejemplo, es una de aquellas experiencias que no podemos nombrar o controlar. Esperamos que algo suceda; un trámite, una nueva relación, un nuevo trabajo y ese tiempo que demora en manifestarse está en el dominio del universo. Nos encontramos esperando algo que no sabemos cómo se va a manifestar, ni el tiempo exacto que se va a tomar en manifestarse. En esta incertidumbre decidimos erróneamente que es menos amenazante nombrarlo o incluso proyectarlo de cualquier manera para no ilusionarlos con lo bueno que pueda ser, así sea la última de las opciones o la más indeseable. Creemos que lo conocido es lo seguro y nos apresuramos a recrear eventos y experiencias del pasado de lo que conocemos para compensar la falta de control y caemos en nuestra propia trampa, terminamos recreando nuestra misma historia. Llenamos ese espacio de espera con nuestras viejas creencias, imágenes y representaciones, sin dejar lugar para el universo y sus infinitas posibilidades de cambio. El miedo limita el poder de la imaginación. Leí en el mensaje de mi té el otro día una frase relacionada con esto: *"Aquellos que viven en el pasado, limitan su futuro"*.

Es curioso cómo al observar una pintura o fotografía de alguien mirando a lo lejos o con la mirada perdida en la distancia, inmediatamente determinamos que el sujeto de la imagen "está pensando". Es una asociación automática espontánea, que además demuestra cómo el acto de pensar ha estado siempre relacionado con alguien que tiene la mirada en otro tiempo diferente al presente. Una obra de arte lleva impreso el sentimiento y la visión del artista. Así debe ser nuestro proceso de creación cuando imaginamos. Debemos imprimirle emoción a las imágenes que queremos manifestar, de tal forma que las imágenes y la afirmación sean el molde y la emoción el contenido.

Si usamos el poder de nuestro pensamiento para imaginar ese mundo de posibilidades infinitas y pintamos en nuestra mente la obra maestra de nuestro futuro estaremos co-creando con el universo. No estamos solos en esta tarea. Visualizamos cómo queremos ser o cómo queremos nuestra vida, nuestro futuro, salud, trabajo, relaciones y el universo responde empáticamente.

Cuando comprendemos el potencial ilimitado que existe en la sabiduría de la incertidumbre, que es el mundo de las posibilidades infinitas, el papel en blanco donde podemos pintar nuestra obra maestra, donde podemos crear el cambio que deseamos, inventar nuevos colores y matices y dar los primeros brochazos de nuestro futuro, no necesitamos saber el cómo sucederán las cosas, simplemente nos encargamos de dibujar los planos de lo que queremos y confiamos en la inteligencia divina, en la arquitectura del universo que manifiesta todo en el momento y lugar perfecto, simplemente aplicamos los tres aspectos de la Empatía Cuántica. Lo repetimos, lo visualizamos y lo sentimos.

Capítulo XI
La Técnica de la Empatía Cuántica

CUANDO PENSAMOS EN LO QUE queremos, lo que estamos haciendo es conectarnos con eso que queremos. Ya sabemos que el pensamiento es energía y cuando pensamos, vibramos a la misma frecuencia que vibra el pensamiento. Pensando en aquello que queremos, estamos vibrando en la misma frecuencia que vibra lo que queremos y cuando las dos energías vibran a la misma frecuencia se reflejan la una en la otra y aquí es donde ocurre la Empatía Cuántica.

¿Cómo sabemos que se reflejan la una en la otra? Lo sabrás cuando comiences a ver lo que quieres en tu vida una y otra vez, cuando te comiencen a llegar oportunidades inesperadas, cuando en la televisión comiencen a hablar de lo que quieres; a lo mejor escuchas a alguien hablando de eso, justo te llega una invitación para ir a conocer a alguien que te puede ayudar a conseguir lo que quieres, cosas como éstas serán las señales que te harán saber que estás reflejando correctamente. Para esto debes desarrollar tu atención, de tal forma que estas señales no pasen desapercibidas. Tampoco debes desanimarte cuando lo que creías una oportunidad resultó siendo sólo otra experiencia, porque eso será sólo el comienzo; las señales se irán clarificando y concretando a medida que tu mente esté más clara.

La técnica de la Empatía Cuántica está basada en tres principios:

1. Cuando dos ó más energías vibran a la misma frecuencia, se genera una conexión empática en la cual puede ocurrir un salto cuántico, es decir un cambio de realidad.

2. El exterior es el espejo cuántico en el que se refleja nuestro interior porque si las partículas más minúsculas de la materia se comportan de acuerdo con nuestras expectativas, un conjunto de ellas reaccionarán de la misma manera.

3. Si lo que vemos y lo que imaginamos son la misma energía, en diferentes planos, podemos pasar la energía de un plano al otro, trascendiendo el tiempo y el espacio dando un salto cuántico en el vacío.

La técnica de la Empatía Cuántica trabaja de dos formas, mediante la empatía espontánea y la empatía progresiva.

La empatía espontánea ocurre por sí sola, pero la técnica consiste en cambiar nuestro interior a través de la reprogramación mental para que por una ley de correspondencia reflejemos en el exterior lo que llevamos en el interior.

El principio de la empatía espontánea es que para poder manifestar lo que deseas en el afuera, primero debes concebirlo dentro de tí.

La empatía progresiva consiste en inducir el fenómeno de la empatía de manera deliberada, proyectando lo que queremos en el futuro a través de los tres aspectos creadores de la empatía (el habla, la observación y el sentimiento) para conectar con lo que deseamos de manera que se refleje en nuestra vida presente.

El habla, la observación y el sentimiento son generadores de empatía porque son los que nos permiten conectarnos con el otro, sean personas, objetos o situaciones.

Por consiguiente la técnica trabaja con lo que llamo los tres aspectos creadores: la repetición, la visualización y el sentimiento.

La Técnica de la Empatía Espontánea

Si bien la empatía espontánea ocurre por sí sola reflejando en nuestro exterior lo que llevamos en nuestro interior. He diseñado un ejercicio que te ayudará en la reprogramación y transformación interior para que logres reflejar lo que verdaderamente deseas en el exterior.

Una vez que hayas identificado tus creencias y pensamientos negativos inconscientes y hayas escrito la lista de las afirmaciones positivas que deseas programar puedes practicar este ejercicio para depositarlas en tu mente subconsciente, donde se irán afianzando a través de la repetición.

A partir de hoy, si decides aceptarlo, recibirás dos cuentas de banco y un cajero automático.

Tu mente consciente es el cajero automático donde depositarás diariamente pensamientos y afirmaciones positivas. Tu mente subconsciente representa tu cuenta de cheques y tu mente inconsciente representa tu cuenta de ahorros.

Cajero = Mente consciente

Cuenta de cheques = Mente subconsciente

Cuenta de ahorros = Mente Inconsciente

Tu inconsciente, que es tu cuenta de ahorros, tiene algunos balances negativos que debes cubrir, estos representan las creencias y pensamientos negativos que quieres cambiar.

Una vez que hayas hecho una lista de las creencias y pensamientos negativos que puedas identificar están bloqueando tu autorrealización actual. Identifica y escribe el pensamiento opuesto positivo para cada uno de los pensamientos y creencias de la lista.

De hoy en adelante vas a pagar cualquier balance negativo que exista en tu lista y que te haya empobrecido emocional, física o económicamente hasta hoy.

Vas a pagar esos saldos negativos que están en tu inconsciente, depositando cada día una determinada cantidad de pensamientos positivos y su correspondiente emoción positiva, en la cuenta del subconsciente (cuenta de cheques). Este deposito lo harás a través de tu cajero automático que es tu mente consciente. Este cajero automático está abierto las 24 horas del día; sin embargo, los depósitos que hagas inmediatamente despiertas e inmediatamente antes de dormir, se multiplicarán el doble. Esto sucede porque estos dos momentos del día son los momentos en que la mente está mejor preparada para recibir.

Puedes hacer innumerables depósitos hasta que sientas que la cuenta ha sido respaldada cada día.

El Depósito

Antes de realizar el depósito debes memorizar las afirmaciones que deseas depositar, para efectuar la reprogramación. Si son muchas, puedes dividirlas por tema y trabajarlas por separado para que te sea más fácil memorizarlas y repetirlas pues debes permanecer con los ojos cerrados visualizando lo que vas afirmando.

Vas a tomar un tiempo a solas para observarte en un espejo, mirándote fijamente a los ojos; esta técnica la puedes hacer en cualquier momento del día, incluso con un espejo pequeño, solo asegúrate de que no te vayan a interrumpir. Una vez que sientas que has conectado con tu interior, a través del espejo, cierra los ojos.

Vas a respirar profundo cinco veces para oxigenar tu cerebro y prepararlo para el depósito. Centra tu atención en la respiración, relajando tu cuerpo más y más con cada exhalación, mientras pones tus manos sobre tus muslos. Después vas a visualizarte frente a un espejo, este es el espejo de tu realidad y vas a repetir una serie de afirmaciones que son la clave de acceso a tu cuenta subconsciente.

Repetirás cada clave tres veces:

Mi exterior es un espejo (tres veces).

Mi exterior es un espejo donde reflejo mi interior (tres veces).

Aunque la imagen del espejo actual no sea lo que yo quiero ver, yo me acepto y me apruebo profunda y completamente (tres veces).

Siento una tranquilidad absoluta (tres veces).

Luego repites:

De ahora en adelante aprendo una nueva forma de ser y de relacionarme (tres veces).

Aquí el cajero de tu mente subconsciente estará preparado para el depósito y es donde comienzas a repetir las afirmaciones de la lista que ya memorizaste comenzando por decir:

De hoy en adelante yo soy.......Yo tengo......Yo me siento........etc. (tus afirmaciones). Repite tres veces cada afirmación con una respiración entre cada una, recuerda que la respiración ayuda a imprimir la nueva programación.

Aplica los tres aspectos de la técnica para cada afirmación (lo repites, lo visualizas y lo sientes).

Déja fluir tu imaginación con cada afirmación y comienza a repetir tu lista de afirmaciones al tiempo que observas el reflejo en el espejo imaginario (pues continúas con los ojos cerrados). Este espejo irá reflejando tus visualizaciones y se irá trasformando y aclarando con la práctica.

Al terminar de depositar tus afirmaciones, vas a decir:

Estoy muy contento(a) (tres veces).

La imagen que veo en el espejo es la imagen que quiero ver (tres veces).

Imagina que el espejo es la pantalla del cajero que refleja un mensaje que dice: ¿Desea un recibo de este depósito? A lo cual responderás que sí y automáticamente recibirás un comprobante de esta transacción. Siéntete próspero, abundante, lleno de energía, esta cuenta es ilimitada y puedes depositar cuanto quieras en ella.

Luego saldrás del cajero, repitiendo tres veces lo siguiente:

Comienzo a salir de mi estado de relajación profunda (tres veces).

Yo estoy despertando cada vez más de este estado de relajación (tres veces).

A la cuenta de tres abriré los ojos y estaré completamente despierto, mi cuerpo estará absolutamente despierto, sano y activo, yo estaré consciente de mis pensamientos y de mis acciones. 1, 2, 3. Estás despierto!

Despiertas, abres los ojos, mueves tu cuerpo poco a poco y das gracias al universo por lo que has recibido.

Al principio esto te tomará de unos 15 a 20 minutos, pero cuando lo memorices lo realizarás de 8 a 10 minutos. El tiempo no debe ser una presión, debes estar muy despreocupado y tranquilo.

Para algunas personas esto representa mucho tiempo porque llevan un nivel de vida agitado, pero en realidad no es nada comparado con los beneficios que recibirás. 15 minutos al día es un tiempo que te debes a ti mismo, para meditar, para conectar con tu verdadero yo, para mantenerte saludable. Tu voluntad te ayudará a acostarte 15 minutos antes de lo usual para poder realizar este ejercicio.

Este ejercicio puedes hacerlo en la noche antes de acostarte y la empatía progresiva que explicaré a continuación puedes hacerla en la mañana. El tiempo no es una limitante; puedes practicar ambas técnicas cuando lo desees, éste será solo el comienzo. Una vez que hayas memorizado la técnica y con la práctica podrás hacer tus depósitos en cualquier hora del día, mientras trabajas o en cualquier rato libre y podrás hacerlo hasta en 5 minutos, tu mente ya habrá construido las avenidas y las conexiones y te será supremamente fácil.

Esta técnica trabaja con la mente subconsciente disponiéndola para la nueva programación con mejores resultados que cuando repetimos las afirmaciones simplemente. Mediante esta técnica alcanzamos un estado mental similar al que experimentamos justo antes de quedarnos dormidos, donde nuestra mente subconsciente está más receptiva a nuevos mensajes y pensamientos.

Los depósitos los realizarás en la cuenta de cheques del subconsciente, ya que no podemos depositar directamente en nuestro inconsciente, así que todos los saldos negativos del inconsciente se cubren con una trasferencia de saldo interna de la cuenta de cheques del subconsciente a la de ahorros del inconsciente, pero no debes preocuparte por esta transferencia, ya que ella ocurre de manera automática y el banco mental realiza esta transferencia por tí.

Necesitas depositar en tu cuenta del subconsciente diariamente para que poseas fondos de pensamientos y emociones positivas ilimitadas que respalden tu cuenta del inconsciente. La repetición de estos depósitos es lo que hará que paulatinamente los pensamientos y emociones positivas pasen del subconsciente al inconsciente.

Esto nos ayudará a ir transformando nuestro interior para poder reflejar en el exterior lo que deseamos. Si nuestra cuenta interior permanece con saldos negativos de patrones de pensamientos del pasado, no podrás disfrutar de las cosas que deseas comprar en el universo. Mientras trabajes en tu trasformación depositando diariamente los pensamientos positivos y las nuevas creencias sobre tí y sobre tu entorno, las reflejarás en tus experiencias.

Recibirás notificaciones o estados de cuenta en forma de una emoción, cada que sientas una emoción negativa, sea que te sientas triste, aburrido, ansioso, rechazado o solo; esto te indicará que has recibido un cobro y que la cuenta de ahorros del inconsciente lo ha respaldado y debes cubrirlo inmediatamente, depositando la afirmación y emoción positiva correspondiente a la cuenta del subconsciente para que de ahí se transfiera y se cubra el saldo pendiente.

Si el estado de cuenta es una emoción de soledad, por ejemplo, depositarás pensamientos de compañerismo con la emoción de sentirte acompañado; si la emoción es de tristeza, depositarás pensamientos alegres, acompañados con la emoción de alegría.

Si esto ocurre en un momento del día en que no puedes realizar el depósito como es requerido, respira profundo tres veces y repite las afirmaciones donde quiera que te encuentres. Estas quedarán pendientes y el depósito se hará efectivo cuando regreses al cajero en la noche.

Entre más depósitos hagas, más aumentará la claridad del reflejo, el bienestar, la prosperidad emocional, física y psicológica. Tu cuenta de ahorros crecerá con las transferencias automáticas a tal punto que habrá suficientes pensamientos y emociones positivas aprendidas para cubrir por sí solas sus saldos de manera positiva. Entonces lo que quieres tener será tuyo, los habrás terminado de pagar.

Si aprendemos a administrar esta cuenta correctamente, nuestra vida cambiará positivamente porque aunque parezca sólo algo simbólico, el dinero también es algo simbólico, los billetes y monedas representan una cantidad que hemos acordado socialmente, pero en realidad el dinero, al igual que los pensamientos y las emociones, son energía representada.

La Técnica de la Empatía Progresiva

La empatía progresiva trabaja a través del tiempo, decidiendo deliberadamente lo que quieres observar en tu realidad. Primero preparas la mente para experimentar empatía. Siéntate en un lugar cómodo y destina de 15 a 20 minutos para aplicar la técnica. Comienza por cerrar tus ojos, toma cinco respiraciones profundas, contando de cinco hasta uno con la intención de relajar y expandir tus sentidos. Luego centra tu atención en experimentar todos tus sentidos al mismo tiempo, sintiendo el peso de tus manos sobre tus muslos, al mismo tiempo que sientes todos los sonidos a tu alrededor, el sabor en tu boca, tu respiración; teniendo los ojos cerrados, toma consciencia de tu alrededor. Experimenta todo al mismo tiempo. Al principio te puede costar un poco de esfuerzo pues estamos acostumbrados a percibir la realidad fragmentada, experimentando cada sentido por separado, pero con la práctica conseguirás alcanzar la experiencia de percibir todos los sentidos al tiempo, percibirás la realidad como una unidad.

La finalidad de esta preparación es expandir las conexiones neuronales relacionadas a cada uno de los sentidos, para aumentar tu capacidad de sentir empatía con otras energías.

Una vez que hayas expandido tus sentidos vas a visualizar que entras en el vacío para plantear las expectativas de lo que deseas en el futuro.

Imagina que aumentas la escala de tu visión hasta lograr ver claramente el vacío que se encuentra en medio de la partícula más pequeña de la materia. Amplía este vacío de tal forma que te ubicas en medio de él y siente toda su potencialidad, siente la gran energía que existe en ese vacío y las posibilidades que te brinda de construir la realidad que deseas.

Una vez que estés en medio del vacío observa cómo este se convierte en onda, una onda gigante, como un aro a tu alrededor. Cuando sientas que el vacío se convierte en onda quiere decir que estás listo para recibir tus expectativas y es aquí donde comienzas a aplicar los tres aspectos de la técnica repitiendo, visualizando y sintiendo lo que deseas como un hecho consumado, vas a observarte realizando lo que quieres o teniendo eso que deseas. Repite cada afirmación positiva tres veces al tiempo que la visualizas y experimentas la emoción de esa realidad en tu vida.

De esta forma estarás planteando tus expectativas de lo que quieres ver o ser en tu vida y comenzarás a generar empatía.

Siente cómo se encienden las neuronas espejo en tu cerebro al observar estas imágenes y visualiza que se extienden como una onda desde tu cabeza hacia el exterior, conectándote con eso que quieres. Obsérvate realizando lo que quieres, con el trabajo, con la casa o con la prosperidad que quieres. Observa cómo esa conexión con lo que deseas se ilumina y se aviva cada vez más. Hasta que sientas y visualices que vibras en la misma energía que vibra lo que quieres.

Esta conexión no debe ser un sentimiento de posesión sino un sentimiento de comprensión, en el que puedes incluso llegar a sentir lo que "siente" el objeto que quieres, o incluso hasta que te vuelves el objeto mismo, la situación, el trabajo, la condición, la pareja, cualquiera que sea tu deseo. Permite que el objeto sienta tu empatía.

Cuando sientas que eso que quieres se percata de tu existencia como volcando su atención hacia tí, querrá decir que la conexión ha sido establecida y la empatía estará puesta en marcha. Ya lo has visualizado y lo has recreado con todos tus sentidos, las expectativas de lo que deseas han sido puestas en el espacio cuántico para que la acción en el plano físico ocurra por empatía.

Cuando termines deja la conexión establecida y comienza a salir del vacío conscientemente, regresando con tu escala de visión normal, ubicándote en el aquí y al ahora presente, completamente despierto, renovado, en perfecto estado de salud y sintiéndote conectado con lo que quieres.

Recrea la sensación de tener lo que quieres durante el día, esta experiencia puede acompañarte aún después del ejercicio creativo, no debe terminar con el ejercicio. Entre más la sostengas durante el día, sintiéndolo como una realidad en el presente, más rápido verás los resultados. Esto aumentará tu coherencia interior, alineándote con lo que quieres y la empatía espontánea hará su parte durante el resto del día.

Si quieres abundancia y prosperidad y aplicas los tres aspectos de la técnica (lo repites, lo visualizas y lo sientes) estarás generando las conexiones en tu cerebro y tus neuronas se encenderán y comenzarán a vibrar al nivel de este pensamiento, trasmitiendo la bioquímica al resto de tu cuerpo hasta que vibras en esa energía por completo. En ese momento en que vibras en la energía de la prosperidad y la abundancia, ya te has conectado con ella y esa conexión se realiza porque estamos reflejando su misma vibración, estamos actuando como espejos.

Al comienzo seremos nosotros los que actuaremos como espejos porque lo que estamos haciendo es invirtiendo el proceso de la empatía espontánea por la empatía progresiva.

La empatía espontánea ocurre de manera automática, conectamos con otros a través de nuestros sentidos en el presente y la realidad se convierte en un espejo que refleja tu interior. Te rodean las personas y las cosas que están en empatía con tu interior.

En la empatía progresiva inducimos la empatía observándonos imaginariamente como si estuviéramos realizando la acción en el presente para que el cerebro encienda las conexiones neuronales como si la acción efectivamente estuviera ocurriendo frente a nosotros en el presente y nosotros fuéramos los espejos que reflejan lo que vieron. Esto invierte el orden del proceso de la empatía de tal forma que al adelantarnos en el futuro a manifestar la respuesta empática como si acabáramos de ver la acción en el plano físico, por una ley de correspondencia cuando regresemos del viaje mental, la contraparte física de la empatía ya estará puesta en marcha.

Digamos que quieres conseguir un trabajo haciendo lo que te gusta. Comienzas a afirmar que lo tienes y te imaginas trabajando, haciendo lo que te gusta hacer, te imaginas como recibes tu pago y sientes lo feliz y realizado. Al observarte realizando estas acciones, las neuronas se encenderán en tu cerebro y a través de la repetición las neuronas lo memorizarán. Entonces cuando abras tus ojos y regreses a la realidad física, las acciones que imaginaste estarán en marcha, habrán comenzado a suceder porque tiendes a accionar lo que imaginas por naturaleza es una respuesta empática.

La empatía conecta dos partes: lo que sucede en el plano físico y lo que sucede en el plano mental. Cuando invertimos el proceso y encendemos las neuronas primero a nivel mental, la acción que imaginamos se presentará en el plano físico como respuesta empática a las expectativas que hemos planteado en el futuro.

Los tres principios de la Empatía Cuántica sostienen el mismo resultado cuando invertimos el proceso de la empatía, primero porque nuestra mente no diferencia entre lo que vemos y lo que imaginamos, y por lo tanto puede trascender el tiempo y el espacio mediante la progresión en el vacío y éste a su vez responde a nuestras expectativas. Segundo porque somos el micro-cosmos del macro-cosmos y reflejamos en nuestro exterior lo que llevamos en nuestro interior y cuando imaginamos lo hacemos en nuestro interior y esto se traslada automáticamente al exterior. Tercero porque donde quiera que hayan dos energías o más vibrando a la misma frecuencia habrá una conexión empática; así, cuando la energía de lo que pienso vibra idénticamente como vibra lo que quiero, lo que quiero vibrará cada vez más cerca desde el plano cuántico, agrupando las partículas y los átomos necesarios hasta que completa la parte física de la empatía y se manifiesta en el plano físico porque esas partículas reflejan mis expectativas.

Con la repetición de esta técnica de empatía progresiva establecemos conexiones con todo aquello que queremos, sea una casa, un carro, dinero, una pareja. Una vez que vibramos a la frecuencia exacta de lo que queremos, lo tendremos frente a nosotros y seremos nosotros los que nos reflejaremos en ello.

El poder de la empatía radica en la conexión que establecemos con esa otra energía, sean cosas, personas o nuestro medio ambiente; es la posibilidad de sentir lo que el otro siente, de vibrar como las cosas vibran y por una ley de correspondencia se manifestarán frente a nosotros.

Sin embargo, esto no sólo sucede de manera consciente. Conectamos con otros sin darnos cuenta o acaso crees que es una casualidad encontrarte con alguien que le gusta el mismo deporte que a ti te gusta o curiosamente encuentras que tienes mas cosas en común de las que creías con tus compañeros de trabajo, que van a los mismos lugares, incluso tus necesidades se pueden conectar con las de otros y ahí también ocurre la empatía.

En los talleres de crecimiento personal que he facilitado con diferentes grupos he logrado comprobar el gran potencial curativo que existe en la empatía. Cuando existen diferencias interpersonales entre los participantes, éstas pueden ser sanadas a través de la empatía. Cuando una persona narra su historia de vida, por ejemplo, esto explica para los demás participantes el por qué esa persona actúa de determinada manera, a lo cual los demás responden con empatía comprendiendo las razones, comprendiendo su mundo interior. Incluso cuando participamos en una sesión de grupo los participantes comparten una correspondencia que es lo que los ha atraído como grupo y cuando escuchamos al otro podemos estar escuchando el reflejo de un aspecto nuestro.

En la terapia individual cuando el paciente guarda resentimiento hacia alguien, por una experiencia negativa en el pasado, esto puede ser sanado con el simple acto de imaginar la persona frente a ellos y sostener un acto de perdón. La visualización funciona de la misma forma que si la persona estuviera presente físicamente y es que en realidad lo esta, su energía esta ahí.

La empatía posee un poder curativo y también creativo. Si entendemos la empatía como el proceso cognitivo de comprender cómo nuestro exterior vibra a la misma frecuencia de nuestro interior, podemos deliberadamente elevar nuestro patrón vibratorio para alcanzar la respuesta empática correspondiente a lo que queremos.

Si te observas frente a un espejo, el espejo siempre va a reflejar tus movimientos y te estarás observando a tí mismo; pero si te conviertes en un espejo, y esto lo logras vibrando a la frecuencia idéntica de lo que quieres, tú serás el que reflejas lo que está frente a tí y si lo que está frente a tí es lo que deseas, estarás reflejando la realidad que quieres. Cuando pones un espejo frente a otro espejo lo que sucede es que ambos van a reflejar la imagen del otro y observamos repeticiones infinitas de un espejo en el otro, así nos convertimos en el espejo que busca lo que quiere reflejar.

Lo que hacemos a través de la técnica de la empatía es convertirnos en espejos para revertir el proceso de la empatía; invitando a la acción en el plano físico a partir de nuestros pensamientos, nos convertimos en espejos frente al espejo.

Este proceso también puede ser comprendido con la siguiente metáfora: el universo es como una variedad de antenas con varias estaciones de radio que emiten una frecuencia de energía. Nosotros, al igual que las cosas, sintonizamos una determinada frecuencia de radio, así que todas las situaciones y las personas que se presenten en tu experiencia son las que están sintonizadas con esa misma frecuencia que tú has escogido. Nuestras experiencias siempre corresponderán a la frecuencia a la que vibramos. Las personas, situaciones y cosas que nos rodean están vibrando a la misma frecuencia.

Si la vida que experimentas ahora mismo no corresponde a lo que deseas es porque no estás vibrando a la frecuencia de lo que deseas; cuando modifiques la frecuencia que estás sintonizando, la experiencia cambiará. Aquí es donde la reprogramación toma sentido porque tu deseo de alcanzar lo que quieres puede estar vibrando a la misma frecuencia de lo que quieres; sin embargo la frecuencia vibratoria de tus creencias puede estar vibrando a la frecuencia de la experiencia actual. Siempre habrá una correspondencia entre frecuencias pues tendemos a agruparnos según nuestra frecuencia, es un proceso empático. Cuando comenzamos a vibrar en la misma frecuencia que vibra lo que queremos, tenemos que hacerlo desde nuestro interior, los pensamientos inconscientes y los conscientes tienen que estar alineados para reflejar con claridad lo que queremos. Cuando estos dos no están alineados se genera una interferencia como la de un radio y no podremos ver con claridad.

La ilusión del tiempo y el espacio físico es lo que lo hace parecer a las cosas y a las personas alejadas de nosotros, pero si logramos entender que estamos unidos con todo lo que nos rodea y que incluso después de los confines de nuestra piel viene más energía flotante que, aunque imperceptible a nuestros ojos nos conecta con el exterior, con los otros y con los objetos, incluidos aquellos que queremos; no hay espacio ni tiempo que nos separe, simplemente hay una diferencia vibratoria. La atracción es sólo una manera de nombrar el fenómeno de obtener lo que queremos, pero lo que realmente hacemos es que nos percatamos de esa conexión que tenemos con aquello que queremos. Expandimos nuestra consciencia para poder percibir y experimentar aquello que queremos y la manera de hacerlo es vibrando al unísono con ello, activando esa conexión que ya existe. Entonces el tiempo que las cosas tardan en presentarse ante tu percepción física, es decir el tiempo que tarda en manifestarse, depende de que tan activa sea la empatía y que tan idéntica sea la frecuencia en la que vibras a la frecuencia que vibra lo que quieres. Cuando te conviertes en lo que quieres, lo tienes. Por eso tus afirmaciones deben comenzar con las palabras *Yo soy*.

La teoría del Big Bang que describe nuestro origen como el resultado de una gran explosión de una unidad en partes. Nos plantea la lógica de que si venimos de una unidad, debemos conservar alguna conexión. Entonces en el "vacío" que se encuentra en los átomos, en ese espacio que vemos entre las cosas debe haber algo y ese algo es una energía potencial increíble, es potencial porque no está definida, pero existe y esto es lo que demuestra nuestra conectividad con todos y con todo lo que nos rodea, porque la unidad fue dividida en partes con el objetivo de expandir la consciencia de sus partes y lograr que éstas alcanzaran su máximo potencial en su propio espacio de creación; esta expansión no implica separación entre esas partes, todo lo contrario, cada creación de una de las partes la conecta con el todo por una ley de correspondencia.

El universo está en continua actividad y movimiento; sus partes están unidas, pero esas partes, aunque unidas, vibran a diferentes niveles energéticos y se agrupan o distribuyen de acuerdo con su vibración; aunque siempre harán parte de una unidad, se agrupan de acuerdo con las tareas y a los propósitos que tiene cada parte y esas tareas y propósitos vibran a frecuencias diferentes.

Esta actividad y movimiento es imperceptible a nuestros sentidos. Todo ocurre al mismo tiempo, paralelamente y lo que alcanzamos a percibir es mínimo comparado a lo que realmente sucede. Son nuestros sentidos los que nos dan la ilusión del tiempo y el espacio, la ilusión de la separación, la ilusión de la limitación. Pero si pudiéramos ver mas allá de nuestros sentidos físicos veríamos que cuando vibramos con lo que queremos, lo que sucede es que sintonizamos nuestros sentidos para que perciban eso que queremos y que ha estado ahí todo el tiempo, simplemente no nos percatábamos de su existencia porque no estábamos vibrando a ese nivel; una vez que nos percatamos de su existencia, de su vibración, todos nuestros sentidos comienzan a experimentarlo cada vez con mayor intensidad y frecuencia. Las oportunidades siempre han estado ahí, los libros, los objetos, el trabajo, las personas, el carro, la casa, todo; simplemente no las habíamos percibido como parte de nosotros, las percibimos separadas de nosotros y esos objetos y personas están agrupadas con sus correspondientes vibratorios, con aquellos que las concebían unidas a ellos. Incluso aunque lo que queremos parezca inverosímil o se encuentre tan lejos de nuestra percepción física, tenemos una conexión que podemos activar en cualquier momento y manifestar aquello que queremos cuando creamos empatía cuántica.

Una prueba de esto es cuando decidimos que queremos comprar un auto nuevo y decidimos que será una marca determinada y que será blanco, automáticamente comenzaremos a ver ese carro y modelo por todos lados porque nuestra mente lo reconoce y comienza a detectarlo por todos lados, comienza a percibir lo que había estado ahí antes, pero que pasaba desapercibido. Cuando sabes lo que quieres comienzas a conectar con ello.

El mejor ejemplo de esto al nivel emocional es la persona que nace en una familia de millonarios, donde nunca le ha faltado nada en términos económicos; todo lo ha obtenido fácilmente desde su nacimiento y cuando crece, crece con la percepción de estar unido a eso, lo ve, lo experimenta todo el tiempo, no se concibe de otra forma y por consiguiente vibra con esa abundancia y nunca estará separado de ella, nace, crece y reconoce esa abundancia en su mente y siempre la tendrá, conseguirá trabajos y negocios que lo mantengan vibrando con ella, porque los verá por todos lados, los reconocerá con facilidad ya que esas conexiones neuronales fueron aprendidas a temprana edad.

Por eso el proceso de construir la vida que queremos, requiere de persistencia y repetición, para incorporar esas nuevas conexiones neuronales y afianzarlas hasta que logremos vibrar a la misma frecuencia de aquello que queremos.

Es el efecto espejo, donde lo que queremos se refleja en nosotros y nosotros nos reflejamos en lo que queremos, tal cual como ocurre al nivel de nuestro cerebro. Es también un principio de psicología donde lo que manifestamos afuera en nuestro entorno no es más que un reflejo de lo que llevamos dentro.

Esta es la manera como creamos deliberadamente con nuestros pensamientos, pensamos en lo que queremos para luego reflejarlo en nuestro exterior. La repetición acumulará la cantidad de energía e información necesaria hasta que el vacío de los átomos tome la forma que dictan nuestras expectativas.

Sin embargo, nos quejamos de lo que vemos en el afuera, cuando somos los únicos responsables de ese reflejo.

Tu vida actual es el reflejo de tus creencias, tus miedos, tus pensamientos, de tal forma que incluso lo que te molesta tanto de otra persona es lo que llevas en tu interior sea por exceso o por defecto, sea porque te falte lo que esa persona tiene o porque es un aspecto que rechazas de tí mismo y aquí también hay empatía porque si vibras en negativo, lo negativo se reflejará y se sintonizará contigo aunque no lo quieras.

Así es como funciona la empatía, logramos que otros reaccionen empáticamente cuando vibramos en nuestra interior a la misma frecuencia de lo que queremos y entonces lo que reflejamos en el espejo de la realidad es lo que queremos.

Si adoptamos la empatía como método de creación, mediante el cual nos sintonizamos con una determinada frecuencia y nos convertimos en esa frecuencia como un llamado empático hacia eso que queremos, esas otras partes del universo responderán empáticamente con nuestros deseos e intenciones y harán parte del reflejo en nuestro espejo de la vida.

La empatía es utilizada en más espacios y circunstancias de las que imaginamos. Cuando hablamos de liderazgo, por ejemplo, vemos que cada líder tiene sus seguidores porque estos sienten empatía con lo que el líder piensa y siente, pero no lo siguen por el líder en sí, sino por ellos mismos, por lo que representa para ellos el ser seguidores de esa causa. En otras palabras, el líder atrae a sus seguidores porque estos vibran en la misma frecuencia y las dos frecuencias son correspondientes, se reflejan el uno al otro.

La imaginación trabaja empáticamente con los átomos que vibran a esa frecuencia de nuestra imaginación. Todos los objetos que vemos hoy en día son objetos que alguien ha tenido la capacidad de imaginar, para luego traerlo a la existencia. Todo objeto que existe en el presente ha sido primero la imaginación de alguien. Aquellos que se dedican a inventar productos novedosos, se centran en estudiar una necesidad humana e invierten tiempo en imaginar cómo sería un objeto que supliera esa necesidad; en este proceso pueden hacer uso de referentes del pasado como objetos conocidos que se asemejen al objeto que quieren diseñar, pero deben hacer uso de la imaginación para poder dar vida a la nueva creación, para poder añadir ese nuevo mecanismo, esa nueva característica en el objeto que lo haga novedoso. Sin la imaginación ¿cómo traeríamos algo nuevo a la existencia?

De la misma forma si pensamos en las cosas que queremos crear en nuestra existencia presente, tenemos que hacer uso de nuestra imaginación y nuestro deseo; el deseo es la chispa que dispara la imaginación y ésta conecta con el potencial del vacío de los átomos que responde a nuestras expectativas por un reflejo de empatía y así es como se produce una nueva creación.

Hemos aprendido una concepción negativa sobre la imaginación como si imaginar fuera algo malo y decimos frases tales como "sólo lo estás imaginando", como si el imaginar fuera algo falso, ilusorio, de poca importancia. Pero lo cierto es que todo lo que hoy vemos a nuestro alrededor es la manifestación física de lo que alguien imaginó y también es la respuesta a una necesidad que el inventor quiso solucionar.

Cuando respondemos a las necesidades de otros también estamos siendo empáticos con los deseos de los otros. Yo estoy escribiendo este libro y a medida que lo escribo vibro a una determinada frecuencia, todos aquellos que vibren en la frecuencia de este libro se conectarán con él.

Mi deseo de ayudar a otros a través de este libro enciende una frecuencia y al mismo tiempo el deseo de otros de ser ayudados enciende la frecuencia correspondiente en ellos y como un efecto espejo nos reflejamos en el plano energético y ocurre la empatía.

La empatía necesita de la correspondencia para poder trabajar, sin un otro no puede haber empatía y esto responde al principio de unidad del que hemos sido creados. Hemos sido creados a imagen y semejanza de Dios para poder comprender a Dios, para poder sentir empatía con Dios, para vibrar al unísono con él, él necesita de nosotros y nosotros de él, nos reflejamos en él y él en nosotros.

Imagina que estás completamente solo en el universo, eres la única persona que lo habita y puedes crear todo lo que desees; qué sentido tendría tener objetos, casas, quién te daría el trabajo que buscas, quién compraría tu libro, con quién construirías la casa, el carro, no tendrías a quién mostrarlo o con quién compartirlo, no habría una razón para existir. El crear no tiene sentido sin el otro y es imposible crear sin el otro, cualquiera que éste sea. Se necesitan dos energías para dar lugar a la creación. Necesitamos de la empatía para poder crear necesitamos, el equilibrio, el balance; donde existan dos energías o más, vibrando a la misma frecuencia, habrá empatía.

Por eso no concibo la idea de creación egoísta, donde sólo puedo atraer lo que quiero para mí y no para los demás; esto es imposible, de hecho esto iría en contraposición a la ley de la unidad y de la no separación; si atraigo para mí, atraigo para otros al mismo tiempo. Necesitamos del otro para ser y existir, llámese ambiente, agua, oxigeno, alimento, personas u objetos. Simplemente necesitamos de los otros para poder alcanzar lo que queremos y para ser lo que somos. Es una cadena de correspondencias en la cual escogemos un rol.

El que decide que su deseo es tener una casa, necesita de alguien que la esté vendiendo; el que la está vendiendo necesita el dinero para realizar el sueño de su vida que es viajar y para viajar necesita a su vez de la aerolínea que le venderá los tiquetes; la aerolínea necesita del turista para completar la cuota de ventas del año y el dueño de la aerolínea, a su vez , ayuda a una fundación para niños de bajos recursos, a la cual ha prometido una suma importante; la fundación a su vez ayuda a estos niños incluyendo a uno en particular cuyos padres tienen el sueño de dar la mejor educación a su hijo porque es excelente estudiante, pero no cuentan con los recursos necesarios. Todo lo que ocurre a nuestro alrededor es una correspondencia.

Otros métodos de creación como la ley de la atracción han sido explicados como métodos mediante los cuales atraemos lo que queremos. Esta ley de la atracción argumenta que para esto no necesitamos involucrar a los demás. Sin embargo, creo que aunque existe el libre albedrío que es la capacidad individual de decidir lo que queremos ser y que no podamos obligar a otros a pensar diferente, creo que sí podemos crear las circunstancias y el ambiente que les facilite su proceso de crecimiento.

Desde mi punto de vista el crear tiene sentido cuando tienes con quién compartirlo; pero no sólo compartes lo que ya has creado, también puedes compartir la creación misma. En la práctica de la oración, por ejemplo, siempre se ha dicho que donde haya dos carbones o más, habrá fuego porque dos carbones avivarán la llama y entre más carbones, la llama será más fuerte y la oración es justamente otra forma de creación.

He descubierto que con la técnica de la Empatía Cuántica podemos lograr mucho más porque podemos sanar y trascender el tiempo y el espacio desde nuestro interior, en donde somos más un reflejo que un imán. Estamos en la era del amor, de la compasión y esto envuelve al planeta entero. Podemos crear bienestar para todos a través de la empatía progresiva.

Al vibrar más alto estamos contribuyendo a mejorar la vibración del planeta, pero si además de esto creamos espacios donde otros puedan encontrar inspiración, frecuencias con las que otros también puedan conectar a través de la empatía, estaremos creando con ellos, estaremos ayudando a otros a sanar su relación con ellos mismos y con su entorno; alcanzar metas que envuelvan el bienestar de otros es el camino del servicio amoroso, altruista y desinteresado que es el camino más seguro para nuestro crecimiento espiritual.

Cuando escribimos lo que queremos alcanzar, estamos sintonizando con esa frecuencia positiva de lo que queremos. Con el acto de escribir y de identificar lo que queremos el universo está siendo testigo de nuestro acto de intención y comprende nuestra razón, conecta con nuestro propósito. Cuando evocamos la emoción de tener lo que queremos en el presente, dándolo por hecho, el universo lee esta frecuencia e inmediatamente nos conecta con las mismas frecuencias de otros seres humanos. Así es como el que está buscando un administrador, encuentra el administrador que había estado buscando un empleador.

El universo funciona de manera sistemática y empática, de forma tal que cuando piensas que nadie te va a contratar porque estás muy viejo, ése será tu reflejo en el espejo; el universo busca el que siente empatía con tu frecuencia y siempre habrá un empleador que desprecie a la gente vieja; ese será tu espejo perfecto y no te contratarán.

Lo que hace a la gente y a las grandes empresas exitosas no es lo que hacen, ni cómo lo hacen, sino el por qué lo hacen. La empatía en sus seguidores se despierta cuando ellos han sido directos al comunicar por qué hacen lo que hacen.

Cuando descubres por qué has venido a la existencia y cuál es tu propósito en la vida, el mundo entero se rendirá a tus pies porque habrás logrado la empatía interior; sabrás hacia dónde vas y por qué y esto hará que todo fluya en armonía.

Aquellos que experimentan el vacío en sus vidas y sienten la necesidad de encontrar un mayor sentido a lo que hacen han comenzado a despertar del sueño y están siendo conscientes de que traen algo más en su interior, un código oculto que necesitan descifrar y de seguro la vida los retará con mucho tiempo libre, más y más vacío, hasta que logren estar el tiempo suficiente con ellos mismos para sintonizar con su propósito de vida y hasta que eso suceda la puesta en escena no comenzará.

Capítulo XII
Espejos de Actitud

Tomar las riendas de nuestra vida para cambiar y manifestar la realidad que queremos requiere de todo nuestra voluntad.

Para mejorar y aumentar nuestro potencial empático y alcanzar la autorrealización es importante desarrollar seis actitudes que representan los seis puntos de la estrella que te iluminara en tu camino de creación.

Estas actitudes son:

1. LA DETERMINACIÓN
2. LA ATENCIÓN
3. LA INSPIRACIÓN
4. LA PERSISTENCIA
5. LA GRATITUD
6. El DESAPEGO

LA DETERMINACIÓN: Es el primer paso hacia el éxito. No hay mejor síntoma que refleje si realmente has tomado la determinación de cambiar que cuando las cosas comienzan a fluir por sí solas.

Necesitamos la DETERMINACIÓN para que haya movimiento; la determinación es lo que contiene la fuerza, la energía del espíritu, que podemos también llamar voluntad; es el material con el que vamos a crear; sin determinación estaremos arando en el desierto y las puertas del cambio estarán cerradas.

Para algunos resulta más fácil quedarse donde están, en lo conocido, "en su zona de seguridad", por eso necesitamos determinación, para salir de la experiencia actual, para obtener nuevos resultados, aunque esto implique un tiempo de espera, cambios e incertidumbre. La determinación implica valentía y firmeza para no abandonar el camino al primer tropiezo. Cuando tomamos la determinación de cambiar abrimos la puerta de nuestra vida para dar paso a lo nuevo y a veces lo nuevo puede resultarnos amenazante; pero enfrentarlo y seguir adelante es el único camino a nuestros deseos y aspiraciones.

La determinación se manifiesta como una certeza interior, es un llamado que viene de tu yo superior, es una energía que te anima a dar el siguiente paso.

Tal vez al comienzo la verdadera determinación no esté presente, pueden aparecer dudas o miedos, pero debes atraer esa determinación y comenzar tus primeros pasos hacia el cambio con la intención; al final ésta se irá fortaleciendo.

LA ATENCIÓN: Es la que nos facilita la toma de consciencia, cuando estamos atentos descubrimos caminos que antes pasaban desapercibidos a nuestros sentidos y si no estamos atentos estaremos caminando en círculos, sin avanzar hacia lo que queremos. La atención es la que te abre los caminos hacia tus sueños, los caminos que antes parecían bloqueados.

Cuando hablo de caminos me refiero a cualquier cosa o acontecimiento que simbólicamente representa un camino; puede ser una visita de alguien trayendo una idea nueva, un libro con un mensaje revelador, un evento en tu vida pasada o presente que te da la respuesta que estabas buscando, un programa de radio, una frase que escuchaste, un letrero, una canción, una imagen o tus mismos sueños. Todo puede ser el camino que necesitas para llegar a la meta, por eso debemos estar atentos, sigilosos y abiertos a recibir.

La otra parte en la ayuda la atención es en mantenernos conscientes de lo que estamos pensando; estar atentos en el presente para darnos cuenta cuando estamos regresando al patrón de pensamientos del pasado, el que justamente queremos cambiar. Al estar atentos podemos cambiar inmediatamente ese pensamiento por el opuesto. De igual forma, estar atentos y poder identificar lo que estamos sintiendo y si lo que estamos sintiendo no está en armonía con lo que queremos, comenzar a generar pensamientos e imágenes que nos traigan los sentimientos que sí queremos.

Recuerda debes volcar tu atención hacia lo que quieres y no hacia lo que no quieres. Esto incluye dejar de criticar porque cuando criticas estás atrayendo eso que criticas hacia tu vida.

LA INSPIRACIÓN: Esta quiere decir estar en el espíritu. Necesitamos estar inspirados para actuar creativamente, para disfrutar lo que hacemos. La inspiración es diferente a la motivación; la motivación es encontrar motivos que te impulsen a la acción, pero la inspiración trasciende los motivos y se convierte en tu naturaleza. Esto requiere renunciar al ego, a esa parte de nosotros que nos dice lo que debemos ser y no nos permite identificar lo que verdaderamente somos: co-creadores con el universo. Con la inspiración puedes alcanzar el sentirte bien; cuando estás enamorado, por ejemplo, estás inspirado, todo lo haces con facilidad y todo te hace feliz, es un disfrute, todo te ilusiona. Esto sucede porque estás experimentando el amor que es la naturaleza del espíritu, es decir estás inspirado. Cuando estás inspirado comienzas a pensar en cosas que te hacen sentir bien y hasta sonríes a solas. Pero estar enamorado es sólo una de tantas formas de inspirarte.

A lo mejor puedes preguntarte cómo puedo estar inspirado si me siento tan mal. Bueno, te sientes mal justamente porque no estás alineado con tu espíritu, te encuentras alineado con las emociones negativas que sientes. Pero cuando comprendes que el sentir es sólo una precepción de tu mente y de tus sentidos que se traslada en la química del cuerpo, entonces puedes cambiar tu percepción observando la situación desde tu espíritu, desde tu esencia, desde tu verdadero yo. Primero toma la determinación de cambiar tu realidad, centrando tu atención en el sentimiento opuesto, y luego da los primeros pasos para alcanzar la inspiración observando a tu alrededor; por ejemplo, toma un tiempo diariamente y observa la naturaleza y su mágico fluir, contempla los árboles, el cielo, el mar o las aves; encontrarás inspiración en la naturaleza porque está llena de sabiduría y terminarás por alinearte con tu espíritu, es decir estarás inspirado.

Estar inspirado te conecta con una fuente inagotable de energía; aún cuando te sientes más cansado, cuando te inspiras viene una energía desde tu interior, de tu espíritu que te sostiene, que te alimenta y es inagotable, te proporciona la energía que necesitas para hacer las cosas que quieres hacer y entre más disfrutas haciendo lo que haces, más energía brota de la inspiración.

LA PERSISTENCIA: Esta actitud es la que te permitirá mejorar tu empatía con lo que quieres, es la que aumentará tu capacidad de manifestación. La persistencia quiere decir regar las semillas que has sembrado con tu determinación, para mantenerlas en desarrollo y para irlas robusteciendo hasta que den los frutos que deseas.

Si eres persistente aplicando los tres aspectos de la técnica, repitiendo, visualizando y sintiendo, a través de la práctica y la repetición diaria, las neuronas grabarán la información hasta convertirla en tu respuesta automática y lo percibirás más cerca de ti, hasta que sea tuyo. Si persistes en dedicar un tiempo diariamente a pensar en lo que quieres, imaginando y sintiendo que ya lo tienes, afirmándolo con tus palabras, comenzarás a vibrar cada vez más cerca a la frecuencia de lo que quieres alcanzar.

Cuando dices *"Yo soy salud, yo soy prosperidad, yo soy felicidad"* lo que estás diciendo es que tú vibras a esa frecuencia de salud, de prosperidad o de felicidad, pero la repetición es la que hará que te conviertas literalmente en esa energía hasta que vibres idénticamente a lo que quieres y por empatía lo manifestarás desde tu interior hacia el exterior. Recuerda que nuestro exterior es el reflejo de nuestro interior; lo que quiero afuera, debo concebirlo adentro de mí.

Es importante señalar que debes conservar esta vibración por el resto del día, de tal forma que cuando no estés aplicando la empatía progresiva, estarás aplicando la empatía espontánea que termina reflejando lo que llevas en tu interior. Cuando te des cuenta de que te has desconectado de esa frecuencia o de esa conexión aplica cualquiera de los tres aspectos creadores que te sea posible en ese momento, evocando algo que te produzca alegría, que te inspire y que te permita elevar tu frecuencia; rodéate de cosas y personas que estén en la misma frecuencia de lo que quieres, esto te ayudara a conservar la conexión.

LA GRATITUD: Ser agradecido es una de los mejores conexiones con la felicidad. Cuando agradecemos lo que tenemos, lo que somos y lo que recibimos, cualquiera que esto sea, estamos reconociendo la magnificencia del universo al dar a cada quien lo que le corresponde. Con la gratitud, conectaremos con más de lo que queremos, estaremos comunicando al universo lo que queremos con exactitud. Cuando algo desagradable se presenta en tu vida, con el simple hecho de agradecerlo estás confiando en la divina providencia, en esa inteligencia superior que pone las necesidades y las experiencias con un propósito mayor que el que podemos comprender.

Dar gracias significa vibrar en la energía de armonía, en la que no luchamos contra la corriente, sino que fluimos y la aprovechamos para impulsarnos hacia adelante en el camino del éxito y la autorrealización.

EL DESAPEGO: La actitud del desapego es una actitud algo compleja de asimilar. Tendemos a confundirla con renunciar a nuestros deseos. En realidad la actitud del desapego significa fluir con el universo, plantear nuestros deseos y dejarlos que encuentre su camino hacia nosotros, a su tiempo y a su momento. Cuando queremos algo y nos empeñamos en determinar cuándo debe suceder y cómo estamos apegándonos a la forma y al cómo, lo cual genera una interferencia energética y desvía nuestra frecuencia de donde debe vibrar, por lo cual podemos generar empatía con algo diferente a lo que realmente queremos.

Ser desapegados es sentir una confianza y seguridad interior que nos ayudará alcanzar la paz y a disminuir la ansiedad durante el proceso de creación.

Cultivando estas actitudes lograrás mejores resultados en tu proceso de crear la vida que quieres. Estas actitudes no deben ser reacciones forzadas si no estados de conexión de la mente, en donde vibras armónicamente con lo que haces y la sola reacción te genera paz y felicidad.

Los caminos para entender quiénes somos, de dónde venimos y para dónde vamos son muchos y cada perspectiva brinda mecanismos y elementos diferentes para observar la misma realidad.

No creo que haya un camino perfecto. Pero creo que el mejor camino es nuestro interior, podemos buscar respuestas externas, pero para qué ir tan lejos si las poseemos en nuestra propia casa; buscar afuera nos tomará más tiempo y esfuerzo. El mejor camino es el que cada quien construye hacia el despertar de la consciencia donde comprueba cada idea por sí mismo.

No existe un camino único, ni necesitamos caminar en el mismo por el resto de nuestras vidas. Los caminos cambian y otros nuevos se abren a medida que el caminante avanza.

No importa cuál sea el camino que escojas, lo importante es que siempre continúes caminando; no te detengas ante la incertidumbre, no necesitas ver el camino completo, tan sólo el siguiente paso y después el siguiente, hasta llegar a la cima.

No te detengas ante tus sombras, ni ante tu propia luz que a veces puede resultar abrumadora. Sigue caminando hacia la conquista de tus sueños porque para eso has venido a la existencia.

Todos contamos con las mismas capacidades; lo que hace la diferencia entre quienes alcanzan la autorrealización y los que no está en qué tan conectados se encuentran con ellos mismos y con su entorno.

Para cada caminante hay un facilitador de caminos y estos se encuentran cuando cada quien está preparado. El facilitador espiritual hablará desde su experiencia en el camino que ha escogido y sus seguidores se identificarán con él porque han escogido el mismo camino de aprendizaje.

Aunque muchos a tu alrededor continúen dormidos, sin conocer el potencial que llevan dentro y puedan querer desanimarte en tu determinación de cambiar porque su falta de conciencia los hace ver las limitaciones que tú ya sabes son inexistentes, continúa tu camino firme, cree en tí mismo y en tus capacidades; se persistente, permanece atento y conectado porque aquí existe alguien que siente empatía contigo, que cree en tu gran potencial y que ha escrito este libro como reflejo del camino que tú mismo has construido en tu interior.

El poder de la creación está en tus manos.

Guía de Afirmaciones

A CONTINUACIÓN ENCONTRARÁS UNA LISTA de afirmaciones que te pueden servir de guía para encontrar el opuesto positivo al bloqueo que desees trabajar. Puedes combinarlas, crear nuevas afirmaciones a partir de estas o usar las que mejor se acomoden a tu necesidad.

Amor

- Yo me amo y me acepto tal cual soy.
- Yo merezco y escojo ser amado.
- Yo soy lo suficientemente bueno en todo lo que hago y lo que soy.
- Yo me siento seguro de mí mismo y de mis capacidades.
- Yo valoro lo que soy y lo que hago.
- El mundo entero valora lo que yo soy y lo que hago.
- El amor me fortalece.
- Yo amo y me aman incondicionalmente.
- Yo me admiro y me admiran por lo que soy.
- Yo me permito ser feliz en pareja.
- Yo escojo ser feliz a través del amor.
- Yo experimento el amor en todas mis relaciones.
- El amor es posible para mí.
- Yo encuentro el amor con facilidad.

- El amor viene a mí con facilidad.

- El amor es una constante en mi vida.

- Yo tengo una excelente relación de pareja.

- Yo vibro en amor con todo lo que me rodea.

- Yo soy feliz en mi relación de pareja.

- Yo soy libre de amar y ser amado.

Salud

- Yo merezco estar saludable.

- Yo me siento bien y estoy bien.

- Yo cuido de mí mismo y de mi cuerpo.

- Yo me amo y me acepto tal y como soy.

- Yo amo mi cuerpo y mi cuerpo me ama.

- Yo digiero mis emociones de manera armónica y saludable.

- Yo decido aprender de manera saludable.

- Todo está bien en mi mundo.

- Yo perdono y mi cuerpo sana.

- Yo elimino las toxinas de mi cuerpo y todo aquello que no necesito.

- Yo soy la salud perfecta.

- Yo disfruto de la vida y escojo vivir saludablemente.

- Yo limpio mi ADN de cualquier enfermedad hereditaria y creo mi propia salud.

- Mi cuerpo procesa los alimentos de manera saludable y armónica.

- Yo vibro en salud y tranquilidad absoluta.

- Yo vibro en felicidad y armonía con todo lo que me rodea.

- Mis canales energéticos fluyen en armonía y salud perfecta.

- Si mi cuerpo se siente bien, yo me siento bien.

- Yo libero mi cuerpo de cualquier enfermedad y me perdono a mi mismo.

Dinero

- A partir de hoy comienzo una nueva vida de abundancia y prosperidad.

- Aunque las circunstancias que veo reflejadas en mi vida no sean las que quiero ver, las acepto y las acojo con amor, con el entendimiento de que son solo un reflejo de mi interior y de que estoy en un proceso de transformación y mejoramiento continuo.

- La prosperidad es mi naturaleza divina.

- Yo conecto fácilmente con la abundancia porque yo soy abundancia.

- Yo soy felicidad y prosperidad.

- El dinero viene a mí en grandes cantidades y con facilidad.

- Yo amo lo que hago y encuentro la prosperidad en ello.

- Yo soy autosuficiente y me doy la abundancia que merezco.

- Yo vivo en abundancia y prosperidad.

- Yo merezco vivir en abundancia y escojo vivir en abundancia.

- Yo libero mis rencores y acojo la abundancia en mi vida.

- Yo recibo mucho dinero haciendo lo que me gusta.

- Yo tengo acceso a la abundancia del universo.

- Yo me rodeo de abundancia.

- La abundancia es una constante en mi vida.

- Todo lo que realizo y todos los proyectos que emprendo prosperan.

- Yo me doy gusto y cubro mis gastos con facilidad.

- Yo vibro continuamente en abundancia y prosperidad.

- Nada externo puede alterar mi prosperidad, solo mi interior.

- Mi interior es prosperidad y abundancia y esto se refleja en mi exterior.

- Yo merezco vivir en abundancia y escojo prosperar.

- El dinero y la abundancia hacen parte de mi vida.

- La abundancia y el dinero son ilimitados para mí.

- El dinero encuentra el camino hacia mí y yo encuentro el camino hacia el dinero.

Contacto

Correo electrónico:

Gina@empatiacuantica.com

Visita la pagina web:

Empatiacuantica.com